Patricia Szilagyi

111 extreme Orte in Europa, die man gesehen haben muss

emons:

Das Buch zur preisgekrönten Reihe »Europa maxximal« des Lifestyle- und Kulturmagazins »Euromaxx« der Deutschen Welle. Europa von seiner extremen Seite: In hochwertigen, bildstarken Reisereportagen macht die Reihe europäische Superlative rund um die Themengebiete Architektur, Natur, Geografie oder Kultur erlebbar. Weltweit zu sehen in der Sendung »Euromaxx«, online unter dw.com/lebensart.
Das Buch ist eine Kooperation der Deutschen Welle (DW) und des Emons Verlags.

Bibliografische Information der Deutschen Nationalbibliothek
Die Deutsche Nationalbibliothek verzeichnet diese Publikation in der Deutschen Nationalbibliografie; detaillierte bibliografische Daten sind im Internet über http://dnb.d-nb.de abrufbar.

© Emons Verlag GmbH
Alle Rechte vorbehalten
Deutsche Welle (DW), Voltastraße 6, 13355 Berlin/Deutschland
Konzeptentwicklung und Redaktion Deutsche Welle:
Samira Schellhaaß, Patricia Szilagyi, Mirja Viehweger, Hendrik Welling
© der Fotografien: siehe Seite 238
© Covermotiv: shutterstock.com/tassel78
Layout: Eva Kraskes, nach einem Konzept
von Lübbeke | Naumann | Thoben
Kartografie: altancicek.design, www.altancicek.de
Kartenbasisinformationen aus Openstreetmap,
© OpenStreetMap-Mitwirkende, ODbL
Druck und Bindung: CPI – Clausen & Bosse, Leck
Printed in Germany 2021
ISBN 978-3-7408-0863-1
Originalausgabe

Unser Newsletter informiert Sie
regelmäßig über Neues von emons:
Kostenlos bestellen unter
www.emons-verlag.de

Vorwort

Reisen zu können, ist etwas Wunderbares. Von jeder Reise bringe ich neues Wissen mit zurück. Und doch gibt es Reisen, die mir mehr in Erinnerung bleiben als andere. Immer dann, wenn ich etwas Besonderes erlebe, etwas Einzigartiges sehe oder etwas Beispielloses erfahre. Um solche Reisen geht es hier: 111 Geschichten von rekordverdächtigen Orten. Eine Landung auf dem Flughafen von Barra in Schottland ist beispielsweise rekordverdächtig – weil sie auf der einzigen Sandlandepiste Europas stattfindet. Dieses Buch erzählt von solchen Abenteuern und ist zugleich ein Reiseführer für europäische Orte, die sich so in keinem anderen Reiseführer finden lassen.

Entstanden ist die Kooperation der Deutschen Welle mit dem Emons Verlag aus der Formatidee »Europa maxximal« für das Lifestyle- und Kulturmagazin »Euromaxx« der Deutschen Welle. Diese mehrfach preisgekrönte Filmreihe macht spektakuläre Orte in Europa für die Zuschauer erlebbar. Die Filme, die auf YouTube zu sehen sind, sind Teil des Buchs. Sie finden sie über die QR-Codes bei den Geschichten.

Ob es um die Reise zum höchstgelegenen Bahnhof auf dem Jungfraujoch in der Schweiz geht oder um die größte Kuckucksuhr der Welt im Schwarzwald – jede Geschichte ist einzigartig. Wussten Sie, dass es in Europa eine buddhistische Region gibt? Mir war das neu und die Reise von Euromaxx-Reporter Hendrik Welling an den südöstlichen Rand Europas nach Kalmückien inspirierte mich zu neuen Reiseplänen. Wenn sich derselbe Reporter in einer anderen Geschichte durch einen Schneesturm auf Europas größtem Gletscher in Island kämpft, bin ich wiederum froh, dass ich sein Erlebnis vom Sofa aus auf YouTube verfolgen und die Geschichte des Gletschers in diesem Buch nachlesen kann. Dazu passt ein persisches Sprichwort, das meine Mutter in unserem Wohnzimmer eingerahmt hatte: »Das Beste, was man vom Reisen nach Hause bringt, ist die heile Haut.« Viel Spaß bei der spannenden, ungefährlichen Lektüre dieses Buchs!

Samira Schellhaaß, Head of Department Life and Style, Deutsche Welle

111 extreme Orte

1___ Fonderia Marinelli | Agnone, Italien
Die älteste Glockengießerei | 10

2___ Alnwick Poison Garden | Alnwick, England
Der gefährlichste Garten | 12

3___ Alto Douro | Alto Douro, Portugal
Die älteste Weinbauregion | 14

4___ Trollveggen | Åndalsnes, Norwegen
Die höchste Steilwand | 16

5___ Andorra la Vella | Andorra la Vella, Andorra
Die höchstgelegene Hauptstadt | 18

6___ Llanfairpwllgwyngyllgogerychwyrndrobwllllantysiliogogogoch | Anglesey, Wales
Der Ort mit dem längsten Namen | 20

7___ Fuggerei | Augsburg, Deutschland
Die älteste Sozialsiedlung | 22

8___ Camp Nou | Barcelona, Spanien
Das größte Stadion | 24

9___ Barra Airport | Barra, Schottland
Der einzige Flughafen am Strand | 26

10___ Aire de Berchem | Berchem, Luxemburg
Die größte Tankstelle | 28

11___ Zoologischer Garten | Berlin, Deutschland
Der artenreichste Zoo | 30

12___ Jungfraujoch | Berner Alpen, Schweiz
Der höchstgelegene Bahnhof | 32

13___ Velocity 2 | Bethesda, Wales
Die schnellste Seilrutsche | 34

14___ Eden Project | Bodelva, England
Der größte überdachte Regenwald | 36

15___ Nausicaá | Boulogne-sur-Mer, Frankreich
Das größte Aquarium | 38

16___ Delirium Café | Brüssel, Belgien
Die Bar mit der größten Bierauswahl | 40

17___ Budapest | Budapest, Ungarn
Die größte Kurstadt | 42

18___ Parlamentspalast | Bukarest, Rumänien
Das Gebäude mit der größten Fläche | 44

19 — **Athos** | Chalkidiki, Griechenland
Die einzige Region, zu der nur Männer Zutritt haben | 46

20 — **Mondial Air Ballons** | Chambley-Bussières, Frankreich
Das größte Heißluftballontreffen | 48

21 — **Christ Church Cathedral** | Dublin, Irland
Die Kirche mit den meisten freischwingenden Glocken | 50

22 — **Tara-Schlucht** | Durmitor-Nationalpark, Montenegro
Die tiefste Schlucht | 52

23 — **LeapRus 3912** | Elbrus, Russland
Das höchstgelegene Hotel | 54

24 — **Ice Music Festival** | Finse, Norwegen
Das kälteste Musikfestival | 56

25 — **Labirinto della Masone** | Fontanellato, Italien
Das größte Bambus-Labyrinth | 58

26 — **Upper Rock Nature Reserve** | Gibraltar, Vereinigtes Königreich
Die einzigen frei lebenden Affen | 60

27 — **Valle de Agaete** | Gran Canaria, Spanien
Das einzige Kaffeeanbaugebiet | 62

28 — **Excalibur** | Groningen, Niederlande
Der höchste Kletterturm | 64

29 — **Miniatur Wunderland** | Hamburg, Deutschland
Die größte H0-Modelleisenbahnanlage | 66

30 — **Hay-on-Wye** | Hay-on-Wye, Wales
Das erste Bücherdorf | 68

31 — **Heltermaa–Rohuküla** | Hiiumaa, Estland
Die längste Eisstraße | 70

32 — **Kirchturm Suurhusen** | Hinte, Deutschland
Der schiefste Turm | 72

33 — **Hum** | Hum, Kroatien
Die kleinste Stadt | 74

34 — **Mileștii Mici** | Ialoveni, Republik Moldau
Der größte Weinkeller | 76

35 — **Sublimotion** | Ibiza, Spanien
Das teuerste Restaurant | 78

36 — **Steinkaulenberg** | Idar-Oberstein, Deutschland
Die einzige Edelsteinmine | 80

37 — **Kapalı Çarşı** | Istanbul, Türkei
Der größte Basar | 82

38 — **Dettifoss** | Jökulsárgljúfur-Nationalpark, Island
Der stärkste Wasserfall | 84

39   Icehotel | Jukkasjärvi, Schweden
Das älteste Eishotel | 86

40   Júzcar | Júzcar, Spanien
Das einzige blaue Dorf | 88

41   Kalmückien | Kalmückien, Russland
Die einzige buddhistische Region | 90

42   Pyramidenkogel | Keutschach am See, Österreich
Der höchste Holzaussichtsturm | 92

43   Arsenalna | Kiew, Ukraine
Die tiefste U-Bahn-Station | 94

44   Dyrehavsbakken | Klampenborg, Dänemark
Der älteste Vergnügungspark | 96

45   Skiresort Kopaonik | Kopaonik, Serbien
Die längste künstliche Skipiste | 98

46   Strand von Vai | Kreta, Griechenland
Der größte natürliche Palmenhain | 100

47   La Gomera | La Gomera, Spanien
Der einzige Ort mit einer Pfeifsprache als Schulfach | 102

48   Museo Atlántico | Lanzarote, Spanien
Das erste Unterwassermuseum | 104

49   Observatorium Roque de los Muchachos | La Palma, Spanien
Das größte Spiegelteleskop | 106

50   Liechtenstein | Liechtenstein
Das einzige Land, das einen Familiennamen trägt | 108

51   Braderie de Lille | Lille, Frankreich
Der größte Trödelmarkt | 110

52   Under | Lindesnes, Norwegen
Das erste Unterwasserrestaurant | 112

53   Keukenhof | Lisse, Niederlande
Der größte Blumengarten | 114

54   Kurische Nehrung | Litauen / Russland
Der längste Strand | 116

55   Unstad | Lofoten, Norwegen
Das nördlichste Surferparadies | 118

56   British Library | London, England
Die Bibliothek mit den meisten Werken | 120

57   London Eye | London, England
Das größte Riesenrad | 122

58   Marienburg | Malbork, Polen
Die größte Backsteinburg | 124

59 — Stara Trta | Maribor, Slowenien
Der älteste Rebstock | 126

60 — Staatliche Porzellan-Manufaktur Meissen | Meißen, Deutschland
Die älteste Porzellanmanufaktur | 128

61 — Circuit de Monaco | Monte-Carlo, Monaco
Der einzige Formel-1-Stadtkurs | 130

62 — Ostankino | Moskau, Russland
Der höchste Fernsehturm | 132

63 — Oktoberfest | München, Deutschland
Das größte Volksfest | 134

64 — Praia do Norte | Nazaré, Portugal
Die größten surfbaren Wellen | 136

65 — Nordirland | Nordirland
Die meisten »Game-of-Thrones«-Drehorte | 138

66 — Kusttram | Nordseeküste, Belgien
Die längste Straßenbahnlinie | 140

67 — Passionsspiele | Oberammergau, Deutschland
Das größte Laientheater | 142

68 — The Literary Man | Óbidos, Portugal
Das Hotel mit der größten Bibliothek | 144

69 — Ladogasee | Oblast Leningrad, Russland
Der größte See | 146

70 — Westray–Papa Westray | Orkney-Inseln, Schottland
Der kürzeste Linienflug | 148

71 — Orto Botanico di Padova | Padua, Italien
Der älteste botanische Garten | 150

72 — Le Grand Rex | Paris, Frankreich
Der größte Kinosaal | 152

73 — Louvre | Paris, Frankreich
Das meistbesuchte Museum | 154

74 — Postojnska jama | Postojna, Slowenien
Die größte Tropfsteinhöhle | 156

75 — Orloj | Prag, Tschechische Republik
Die älteste astronomische Uhr | 158

76 — Tromsø Golfklubb | Ramfjordbotn, Norwegen
Der nördlichste 18-Loch-Golfplatz | 160

77 — Charles Kuonen Hängebrücke | Randa, Schweiz
Die längste Fußgänger-Hängebrücke | 162

78 — Álfaskólinn | Reykjavík, Island
Die einzige Elfenschule | 164

79   Rīgas Centrāltirgus | Riga, Lettland
        Der größte Lebensmittelmarkt | 166

80   Polar Night Light Festival | Ruka, Finnland
        Das nördlichste Lichtfestival | 168

81   Bolwoningen | 's-Hertogenbosch, Niederlande
        Die einzige Siedlung mit kugelförmigen Häusern | 170

82   San Marino | San Marino
        Die älteste Republik | 172

83   Chá Gorreana | São Miguel, Portugal
        Die älteste Teeplantage | 174

84   Schlangenfarm Schladen | Schladen, Deutschland
        Die größte Schlangenfarm | 176

85   Schwyz-Stoos-Bahn | Schwyz, Schweiz
        Die steilste Standseilbahn | 178

86   Ätna | Sizilien, Italien
        Der höchste aktive Vulkan | 180

87   Hohe Tatra | Slowakei / Polen
        Das kleinste Hochgebirge | 182

88   Longyearbyen | Spitzbergen, Norwegen
        Die nördlichste Siedlung | 184

89   Vatikan | Staat Vatikanstadt
        Das kleinste Land | 186

90   Olympia Bob Run | St. Moritz, Schweiz
        Die einzige Natureisbobbahn | 188

91   Königlicher Nationalstadtpark | Stockholm, Schweden
        Der erste Nationalpark in einer Großstadt | 190

92   Tunnelbana | Stockholm, Schweden
        Die längste unterirdische Kunstgalerie | 192

93   Eremitage | St. Petersburg, Russland
        Das Museum mit der größten Kunstsammlung | 194

94   Pomnik Chrystusa Króla | Świebodzin, Polen
        Die größte Christusstatue | 196

95   Wüste von Tabernas | Tabernas, Spanien
        Die trockenste Region | 198

96   Silfra-Spalte | Thingvellir-Nationalpark, Island
        Der einzige Tauchspot zwischen zwei Kontinenten | 200

97   Guédelon | Treigny, Frankreich
        Das größte Mittelalter-Burgbauprojekt | 202

98   Eble Uhren-Park | Triberg, Deutschland
        Die größte Kuckucksuhr | 204

99	Salina Turda | Turda, Rumänien Der tiefstgelegene Freizeitpark | 206	
100	Ulmer Münster | Ulm, Deutschland Der höchste Kirchturm | 208	
101	Valletta | Valletta, Malta Die kleinste Hauptstadt | 210	
102	Pench's Bar | Varna, Bulgarien Die Bar mit der längsten Cocktailkarte | 212	
103	Vatnajökull | Vatnajökull-Nationalpark, Island Der größte Gletscher | 214	
104	Koncertzāle Latvija | Ventspils, Lettland Das Konzerthaus mit dem größten Klavier | 216	
105	Teatro Olimpico | Vicenza, Italien Das älteste Theater | 218	
106	Red Force | Vila-seca, Spanien Die schnellste Achterbahn | 220	
107	Keret-Haus | Warschau, Polen Das schmalste Haus | 222	
108	Eisriesenwelt | Werfen, Österreich Die größte Eishöhle | 224	
109	Ebenezer Place | Wick, Schottland Die kürzeste Straße | 226	
110	Morske Orgulje | Zadar, Kroatien Die einzige Meeresorgel | 228	
111	Haus Hiltl | Zürich, Schweiz Das älteste vegetarische Restaurant | 230	

Bei einzelnen Geschichten im Buch finden Sie einen QR-Code. Wenn Sie diesen mit dem Smartphone scannen, gelangen Sie direkt zum dazugehörigen Video aus der Reihe »Europa maxximal« der Deutschen Welle.

AGNONE, ITALIEN

1 Fonderia Marinelli
Die älteste Glockengießerei

Der Klang von Kirchenglocken ist allgegenwärtig in Agnone. Das Dorf in der italienischen Region Molise hat gerade einmal 5.200 Einwohner, aber 16 Kirchen. Kein Wunder, ist es doch die Heimat der ältesten Glockengießerei Europas. Umgeben von Berggipfeln und wilder Natur scheint in Agnone die Zeit stehen geblieben zu sein. Denn noch immer werden in der Fonderia Marinelli Glocken genauso hergestellt wie schon vor Hunderten von Jahren.

Seit 1339 gibt es die Glockengießerei Marinelli. Von Generation zu Generation wurde das Handwerk weitergegeben: von der Fertigung der Lehmformen bis zum »Rezept« für die perfekte Bronzemischung aus Kupfer und Zinn. Alle Arbeitsschritte werden bis heute von Hand ausgeführt. Nur so, glauben die Marinellis, erhält eine Glocke nicht nur ihren einzigartigen Klang, sondern auch ihre Seele. Seit 1924 tragen ihre Glocken das Siegel der Päpste.

Jede Glocke ist einzigartig, jede Form wird eigens angefertigt. Mindestens drei Monate dauert es von der ersten Zeichnung bis zum entscheidenden letzten Schritt, dem Gießen – und das gleicht einem religiösen Ritual. Oft ist dabei ein Priester anwesend, der Gebete spricht und die Glocke segnet. Die Bronze wird auf mehr als 1.100 Grad Celsius erhitzt. Wie glühende Lava ergießt sie sich in die Form. Ob das Ergebnis stimmt, zeigt sich erst einige Tage später, wenn das Metall ausgekühlt ist. Nachdem sie aus ihrem Lehmmantel geschält und poliert wurde, prüft der »Maestro Campanale« den Klang jeder Glocke. Erst dann wird das Instrument auf seinen Weg in die Welt gesendet.

Ob im Schiefen Turm von Pisa, bei der UNO in New York oder im Vatikan: An unzähligen Orten weltweit sind Glocken aus Agnone zu hören. Und weil die Marinellis nicht nur ihr Wissen, sondern auch ihre Liebe zum Handwerk von einer Generation zur nächsten weitergeben, werden es wohl in Zukunft noch einige mehr werden.

Adresse Via Felice D'Onofrio 14, 86081 Agnone, Italien | **Anreise** Agnone ist rund 220 Kilometer von Rom entfernt. Mit dem Zug geht es bis Isernia, von dort weiter mit dem Bus bis Agnone. | **Tipp** Im Museum der Fonderia Marinelli kann man die größte Sammlung von Bronzeglocken der Welt sehen. Die älteste ausgestellte Glocke ist gut 1.000 Jahre alt. Führungen gibt es täglich. Mehr Informationen unter www.campanemarinelli.com.

2 Alnwick Poison Garden
Der gefährlichste Garten

England ist das Königreich der Gärtner. Die Leidenschaft der Briten für alles, was blüht, ist unübertroffen. Ein Paradies aus grünen Wiesen und bunten Blüten begrüßt die Besucher auch im Garten von Alnwick Castle. Seit 700 Jahren ist das Schloss im äußersten Norden Englands im Besitz der Herzogsfamilie von Northumberland. Zwischen duftenden Rosensträuchern und zartrosa blühenden Kirschbäumen führt der Weg durch den Schlossgarten, bis man plötzlich vor einem schmiedeeisernen Tor mit zwei Totenköpfen steht. Es ist der Eingang zum gefährlichsten Teil des Anwesens: dem Alnwick Poison Garden.

»Diese Pflanzen können töten«, steht in großen Lettern auf dem Tor. Nur in Begleitung eines Guides geht es hinein. Die Verhaltensregeln für Besucher sind streng: Man darf die Pflanzen weder berühren noch daran riechen. Diese Vorsichtsmaßnahmen existieren nicht ohne Grund. Denn hier sind die giftigsten Pflanzen der Welt versammelt. Darunter berauschende Gewächse wie Cannabis oder Schlafmohn, aber auch verführerisch schöne Exemplare wie Engelstrompete oder Eisenhut, die mit ihren leuchtenden Blüten über ihr toxisches Wesen hinwegzutäuschen scheinen.

Von leicht betäubend bis sicher tödlich reicht die Bandbreite der potenziellen Wirkungen. Der Gefleckte Schierling etwa diente schon in der Antike als Mittel für Hinrichtungen. Der berühmte Schierlingsbecher brachte dem griechischen Philosophen Sokrates den Tod. Mit Blauem Eisenhut verseuchte man zu Kriegszeiten die Brunnen der Feinde. Und in Rizinussamen, deren Öl oft in Medizin oder in Kosmetikprodukten vorkommt, steckt eines der stärksten natürlichen Gifte überhaupt.

Doch Angst haben muss man bei einem Besuch des Giftgartens von Alnwick trotzdem nicht. Denn dank der sachkundigen Führer verlässt man den Poison Garden in der Regel nicht nur gesund und munter, sondern auch ein ganzes Stück klüger als zuvor.

Adresse Denwick Lane, Alnwick NE 66 1YU, England | **Anreise** Alnwick liegt näher an Edinburgh als an London. Von der schottischen Hauptstadt geht es mit dem Zug bis Alnmouth, weiter mit dem Bus nach Alnwick (Station Playhouse). | **Öffnungszeiten** täglich 10–18 Uhr (in den Wintermonaten verkürzte Öffnungszeiten) | **Tipp** Nicht nur der Garten, sondern auch Alnwick Castle selbst ist einen Besuch wert. Das historische Gemäuer diente schon als Filmkulisse für die Zauberschule Hogwarts in »Harry Potter«.

3 Alto Douro
Die älteste Weinbauregion

Tief hat sich der Douro hineingegraben in die Landschaft im Nordosten Portugals. Hier, nahe der Grenze zu Spanien, schlängelt sich der Fluss durch unzählige Schieferhügel. Links und rechts des Ufers erheben sich üppige Weinberge. Zwischen den grünen Reben blitzen immer wieder leuchtend weiß die Mauern der Weingüter, der sogenannten Quintas, hervor.

Seit mehr als 2.000 Jahren wird im Alto Douro, dem »Hohen Douro«, Wein angebaut. Schon die Römer erkannten die idealen Bedingungen des trocken-heißen Klimas und pflanzten hier Weinreben an. Viele Jahrhunderte später, im Jahr 1756, wurden die Grenzen des Gebietes erstmals offiziell abgesteckt. So entstand mit dem Alto Douro die erste gesetzlich geschützte Weinbauregion der Welt. Seit 2001 gehört sie sogar zum Welterbe der UNESCO.

Bis heute ist die Gegend eine der bedeutendsten Weinregionen Europas. Auf rund 25.000 Hektar Fläche kultivieren die Winzer ihre Reben. Geschichte und Tradition spielen für sie eine große Rolle. Noch immer werden die Trauben von Hand geerntet, denn für Maschinen sind die Hänge zu steil. Und noch immer wird die Maische auf den meisten Weingütern wie eh und je mit den Füßen gestampft.

So entsteht auch einer der berühmtesten Weine der Welt: der Portwein. Die Region Alto Douro ist seine Wiege. Der süße Likörwein darf nur aus Trauben gekeltert werden, die hier wachsen. Nach dem Pressen wird der Traubenmost mit hochprozentigem Weinbrand versetzt. Das stoppt die Gärung und sorgt für den charakteristischen Geschmack des Ports sowie den hohen Alkoholgehalt von rund 20 Volumenprozent. Sein endgültiges Aroma erhält er in der Nähe der Stadt, die ihm auch seinen Namen gab: Porto. Mindestens zwei Jahre reift er in einer der vielen Weinkellereien rund um die Hafenstadt. Erst dann wird er in unzählige Länder exportiert. Und bringt so auch den Geschmack der ältesten Weinbauregion Europas in die ganze Welt.

Adresse Alto Douro, Portugal | **Anreise** Von Porto aus kann man die Region Alto Douro mit dem Auto, dem Zug oder dem Schiff erreichen. Besonders empfehlenswert ist die »Linha do Douro«. Die Zugfahrt führt von Porto bis Pocinho am Douro entlang und gehört zu den schönsten Bahnstrecken Europas. | **Tipp** Viele der traditionellen Quintas entlang des Douro bieten Touren inklusive Weinprobe an.

Der QR-Code führt Sie zum dazugehörigen Video der Reihe »Europa maxximal«. Solche QR-Codes gibt es in 19 weiteren Kapiteln. Sie finden sie dort jeweils auf den Fotos.

4 Trollveggen
Die höchste Steilwand

Sie ist die Bergsteiger-Hauptstadt Norwegens: Åndalsnes, mehr als 400 Kilometer nordwestlich von Oslo. Mitten in den Romsdalsalpen liegt der Ort mit seinen rund 2.200 Einwohnern und ist eigentlich eher ein Dorf. Aber vor allem im Sommer kann es schon mal voll werden. Dann kommen Wanderer und Kletterer aus aller Welt nach Åndalsnes. Und das nicht ohne Grund: In kürzester Zeit erreicht man von hier Fjorde, Bergflüsse und jede Menge imposante Felsformationen.

Die wohl bekannteste von ihnen liegt nur wenige Kilometer entfernt: Trollveggen heißt sie, zu Deutsch »Trollwand«. Die markante Steilwand ist Teil des Gebirgsmassivs Trolltindene, das für eine spektakuläre Kulisse im Hintergrund von Åndalsnes sorgt. Gut 1.700 Meter ragt die Trollwand über dem Tal in die Höhe. Auf ihrem Gipfel: eine Reihe charakteristischer Felszacken. Der Sage nach sollen es versteinerte Trolle sein – die sind hier fester Bestandteil der regionalen Mythologie.

Doch die Höhe allein ist nicht das, was die Trollwand ausmacht. Was die meisten Bergsteiger fasziniert, ist die steile Front. Rund einen Kilometer geht es senkrecht in die Höhe. Streckenweise hat der Fels sogar bis zu 50 Meter Überhang – selbst für Kletterprofis eine extreme Herausforderung. Lange Zeit galt die Trollwand daher als unbezwingbar. Die wagemutigsten Kletterer versuchten es dennoch und lieferten sich einen regelrechten Wettstreit um den Aufstieg. 1965 gelang es erstmals: Gleich zwei Expeditionen eroberten die vertikale Felswand. 14 Tage brauchten sie, um sich auf zwei unterschiedlichen Routen bis zum Gipfel hinaufzukämpfen.

Heute gibt es gut ein Dutzend Kletterrouten. Für Amateure sind die allesamt nichts. Doch auch wer die Felswand nicht direkt auf einer Klettertour erkunden will, kann hier viel erleben. Die Umgebung bietet zahlreiche Wanderrouten für alle Niveaus. Oft genug auch mit spektakulären Ausblicken auf die berühmte Trollwand.

Adresse 6300 Åndalsnes, Norwegen | **Anreise** Mit dem Zug oder Bus von Oslo bis Åndalsnes, dort gibt es zahlreiche Anbieter von Touren zur Trollwand. | **Tipp** Eine Fahrt entlang der nahe gelegenen Straße Trollstigen. In elf Haarnadelkurven windet sie sich durch das Trolltindene-Massiv und bietet beeindruckende Ausblicke.

5 Andorra la Vella
Die höchstgelegene Hauptstadt

»Schön« würden wahrscheinlich die wenigsten als Attribut für die Hauptstadt Andorras verwenden. Einkaufsstraßen und Shoppingmalls prägen das Bild der 23.000-Einwohner-Stadt. Denn Andorra gehört nicht zur EU und gilt als Steueroase. Viele Touristen kommen einzig und allein, um günstig einzukaufen. Und auf deren Bedürfnisse hat sich Andorra la Vella eingestellt. Dabei verpassen die Tagestouristen aber oft die wichtigste Sehenswürdigkeit der Stadt. Und die hat mit ihrer exponierten Lage zu tun: die traumhafte Berglandschaft in der Umgebung.

Andorra la Vella liegt in einem Hochtal der östlichen Pyrenäen auf mehr als 1.000 Metern. Direkt hinter der Stadtgrenze geht es hinauf in die Berge, hinein in die Natur. Es ist ein Paradies für Outdoorfans und Extremsportler. Ob Touren mit dem Mountainbike, Canyoning-Ausflüge oder Kletterpartien – so vielfältig ist das Angebot von Aktivitäten rund um eine Hauptstadt selten. 65 Gipfel mit mehr als 2.000 Metern Höhe gibt es zu entdecken. Und das auf engstem Raum, denn das kleine Fürstentum gehört zu den Zwergstaaten Europas. Von der Grenze zu Frankreich im Nordosten bis zur spanischen Grenze im Süden schafft man es mit dem Auto in weniger als einer Stunde – dabei kann man wegen der vielen kurvigen Bergstraßen noch nicht einmal besonders schnell fahren.

Im Sommer zieht es neben den Abenteuerurlaubern auch jede Menge Wanderer und Angler in die Pyrenäen, im Winter kommen die Skifahrer. Sie alle können ganz in der Nähe der Stadt Natur pur erleben. Ganze 90 Prozent der Fläche Andorras sind unbebaut. Die spitzen Gipfel und schmalen Täler scheinen sich gegen die Zivilisation regelrecht zu wehren. Nur vereinzelt ragt hier und da der Kirchturm eines Dorfes auf.

Andorra ist wie eine Insel mitten in Europa. Mit einer Hauptstadt, deren Lage ihr größter Trumpf ist: die einmalige Nähe zur Natur und den Bergen.

Adresse Andorra la Vella, AD 500, Andorra | **Anreise** Andorra hat keinen eigenen Flughafen. Mit dem Flugzeug bis Barcelona oder Toulouse, von dort weiter mit dem Bus oder Mietwagen. | **Tipp** Bei einem Besuch in Andorra sollte man »Nectum« probieren, einen Tannenzapfensirup, dem magische Kräfte nachgesagt werden.

6 Llanfairpwllgwyngyllgogerychwyrndrobwllllantysiliogogogoch

Der Ort mit dem längsten Namen

Die Insel Anglesey an der Nordwestküste von Wales ist ein stilles Fleckchen Erde. Nur wenige Touristen verirren sich hierher, denn Sehenswürdigkeiten gibt es kaum. Dabei hat das Eiland eine bedeutende Geschichte. Anglesey, oder auch Ynys Môn, wie die Insel auf Walisisch heißt, war ein Zentrum der Druiden. Über viele Jahrhunderte diente sie den keltischen Hohepriestern als Rückzugsort. Zahlreiche Mythen ranken sich bis heute um diese Zeit.

Wie ein Relikt aus dieser Ära wirkt auch der Ort mit dem ungewöhnlichsten Namen auf Anglesey. Llanfairpwllgwyngyllgogerychwyrndrobwllllantysiliogogogoch heißt die 3.000-Seelen-Gemeinde im Südosten der Insel, was übersetzt so viel bedeutet wie: Marienkirche in einer Mulde weißer Haseln in der Nähe eines schnellen Wirbels und der Thysiliokirche bei der roten Höhle. Mit 58 Buchstaben ist es der längste zusammenhängende Ortsname in Europa. Ihn richtig auszusprechen: für Nichtwaliser eine kaum lösbare Aufgabe. Auch die Inselbewohner nennen das Dorf der Einfachheit halber meist nur kurz Llanfairpwll. Wer hier aber eine Hinterlassenschaft der Kelten vermutet, liegt falsch. Denn der unaussprechliche Name ist eine recht junge Erfindung. Mitte des 19. Jahrhunderts bekam das Dorf einen Eisenbahnanschluss. Handwerker und Händler siedelten sich an, doch die Geschäfte liefen schleppend. Um den Ort interessanter zu machen, dachte sich ein findiger Schuhmacher den Zungenbrecher aus. Und tatsächlich: Der Werbetrick machte das walisische Kaff bekannt und lockte mehr Besucher an.

Auch heute zieht es Menschen nur wegen des ungewöhnlichen Namens hierher. Das Haltestellenschild am Bahnhof ist ein beliebtes Fotomotiv. Und sogar einen Eintrag im Guinnessbuch der Rekorde hat sich Llanfairpwll mit seinem XXL-Ortsnamen gesichert.

Adresse LL 61 5UJ, Anglesey, Wales | **Anreise** Von Liverpool oder Manchester erreicht man Llanfairpwll in rund dreieinhalb Stunden mit dem Zug. | **Tipp** Einen Besuch wert ist »Plas Newydd«, ein Herrenhaus aus dem späten Mittelalter in der Nähe von Llanfairpwll. Das Anwesen ist für Besucher geöffnet und beherbergt mehrere Ausstellungen.

AUGSBURG, DEUTSCHLAND

7 Fuggerei
Die älteste Sozialsiedlung

Um Punkt 22 Uhr schließen sich die Tore der Fuggerei. Wer danach noch eingelassen werden will, zahlt einen kleinen Obolus an den Nachtwächter. Und das ist nicht das Einzige, was hier, in der ältesten Sozialsiedlung Europas, noch immer so funktioniert wie schon vor rund 500 Jahren.

1521 stiftete Jakob Fugger die Siedlung seiner Heimatstadt. Der Kaufmann, Händler und Bankier galt damals als wohlhabendster Mann der Welt. Seinen Reichtum wollte er aber nicht nur vermehren, sondern damit auch den Bedürftigen helfen. So entstand mit der Fuggerei, nur wenige Gehminuten vom Zentrum Augsburgs entfernt, eine kleine Stadt in der Stadt. Umgeben von einer Mauer reihen sich 67 gleichförmige Häuser in acht Gassen aneinander. Die Wohnungen: modern und komplett ausgestattet, sogar mit eigenem Bad – für damalige Verhältnisse Luxus.

Heute leben hier rund 150 Menschen. Allesamt, wie schon in den Anfängen, bedürftige Augsburger. So hat es der wohltätige Stifter verfügt. Die Kaltmiete beträgt bis heute den Gegenwert eines Rheinischen Gulden. Was damals in etwa dem Wochengehalt eines Tagelöhners entsprach, sind heute gerade einmal 88 Cent – und das pro Jahr! Damit sind die rund 60 Quadratmeter großen Wohnungen der Fuggerei wohl auch die günstigsten Mietwohnungen Europas. Finanziert wird die Siedlung durch Stiftungsgelder und den Eintritt der Touristen, die die Fuggerei besuchen.

Eine Auflage müssen die Bewohner jedoch erfüllen: Drei Gebete pro Tag sollen sie für den Stifter und seine Familie sprechen. Jakob Fugger war gläubiger Katholik. Viel spricht dafür, dass er mit dem Bau der Siedlung nicht nur Wohltätigkeit im Sinn hatte. Er wollte sich und seiner Familie vermutlich auch die Gunst Gottes sichern. Den Bewohnern der Fuggerei dürfte das egal sein. Und auch den Besuchern, die einen seltenen Einblick in den Sozialwohnungsbau und das Leben vor rund 500 Jahren bekommen.

Adresse Jakoberstraße 26, 86152 Augsburg, Deutschland | **Anreise** Vom Hauptbahnhof Augsburg erreicht man die Fuggerei zu Fuß in rund 20 Minuten, alternativ mit der Stadtbahn-Linie 23. | **Öffnungszeiten** April–Sept. täglich 9–20 Uhr, Okt.–März 9–18 Uhr, Heiligabend geschlossen | **Tipp** Wer sich einen Einblick verschaffen möchte, wie die Bewohner der Fuggerei heute leben, kann die Schauwohnung in der Ochsengasse 51 besichtigen.

BARCELONA, SPANIEN

8 Camp Nou
Das größte Stadion

Für die Fans des FC Barcelona ist es fast ein heiliger Ort: Das Camp Nou, das »neue Spielfeld«, das noch bis zum Jahr 2001 »Estadi del Futbol Club Barcelona« hieß. Es ist das Heimstadion *ihrer* Mannschaft. Und die Geburtsstätte einer ganzen Reihe weltberühmter Fußballstars. Lionel Messi, Andrés Iniesta, Xavi, Gerard Piqué, Pep Guardiola – sie alle sind hier groß geworden.

Kein Wunder also, dass sich selbst an Tagen ohne Spiel schon morgens eine lange Schlange vor dem Haupteingang des Stadions bildet. Neben Sagrada Família, Parc Güell und Picasso-Museum gehört das Camp Nou zu jeder Sightseeingtour in Barcelona. Es ist kein schnödes Stadion, kein einfacher Fußballplatz. Es ist vielmehr eine Pilgerstätte für Fußballfans aus aller Welt. Und die bekommen bei einer Tour durch das größte Stadion Europas einiges zu sehen. Fast 100.000 Menschen finden auf den Rängen des Camp Nou Platz. Nach einem geplanten Umbau sollen es sogar noch ein paar tausend mehr werden.

Im Stadion befindet sich auch das Museum des FC Barcelona. Hier kann man die unzähligen Trophäen des Vereins bewundern und sich ganz dem Kult um Messi und Co. hingeben. Aber auch die Boxen der Kommentatoren, die Umkleidekabine der Gastmannschaft und die Trainerbank bekommt man bei einer Stadiontour aus nächster Nähe zu sehen. Und nicht zuletzt können sich die Besucher einmal – zumindest fast – wie ein echter Fußballstar fühlen, wenn sie durch den Spielertunnel laufen und dann das Stadioninnere betreten.

Dass der Kult um den Fußball im Camp Nou schon längst außerweltliche Züge angenommen hat, beweisen nicht zuletzt die Pläne des FC Barcelona für eine Urnenhalle im Stadion. Rund 30.000 Fans könnten hier in Zukunft ihre letzte Ruhestätte finden und ihrem Verein so auch über den Tod hinaus die Treue beweisen. Im Fußballtempel Camp Nou ist das wohl nur der nächste logische Schritt.

Adresse C. Arístides Maillol 12, 08028 Barcelona, Spanien | **Anreise** Vom Stadtzentrum Barcelonas mit der Metro (Linie 3, Station Collblanc, oder Linie 5, Station Les Corts). Außerdem halten Busse und Trambahnen in der Nähe. | **Öffnungszeiten** Führungen gibt es täglich außer an Spieltagen (25. Dez. und 1. Jan. geschlossen), das Museum hat auch an Spieltagen geöffnet. | **Tipp** Nur wenige Meter vom Camp Nou entfernt liegt »La Masia«, die Jugendakademie des FC Barcelona. In dem hübschen historischen Gebäude haben unter anderem Messi, Xavi und Iniesta ihre Laufbahn begonnen.

9 Barra Airport
Der einzige Flughafen am Strand

Gepäck-Chaos, lange Warteschlangen beim Check-in oder endlose Sicherheitskontrollen: Mit diesen Problemen hat man an den meisten Flughäfen zu kämpfen. Nicht so in Barra. Am Flughafen der kleinen schottischen Insel geht es noch gemächlich zu. Gerade einmal rund 8.000 Passagiere pro Jahr müssen die Mitarbeiter hier abfertigen. Dafür stehen sie und die Piloten vor einer ganz besonderen Herausforderung, denn der Flughafen liegt direkt am Strand. Genauer gesagt: Der Strand *ist* der Flughafen.

Während der Flut sind die drei Start- und Landebahnen komplett vom Wasser des Nordatlantiks überspült. Das Zeitfenster für den Flugbetrieb ist dementsprechend klein. Nur bei Ebbe können die Maschinen starten oder landen. Dann werden die Windsäcke gehisst – das Zeichen, dass der Strand für Spaziergänger gesperrt ist.

Zwei- bis dreimal pro Tag kommt ein Linienflug aus Glasgow auf die Insel, die zu den Äußeren Hebriden gehört. Wegen der speziellen Bedingungen sind auf der Strecke ausschließlich kleine Maschinen im Einsatz. Gerade der Landeanflug ist für die Piloten nicht leicht: Es gibt weder Signallichter noch Farbmarkierungen. Nur ein paar Pfosten im Sand bieten ihnen Orientierung. Dazu kommt der meist starke Wind. Oft braucht es daher mehrere Anläufe. Gelingt die Landung nicht rechtzeitig, passiert es schon mal, dass die Maschine wieder umdrehen muss.

Rund 1.400 Starts und Landungen erlebt der ungewöhnliche Flughafen pro Jahr. Die meisten Passagiere sind Einheimische. Doch es zieht auch immer mehr Touristen und Planespotter hierher. Sobald die Ebbe einsetzt, lauern sie mit ihren Kameras auf das perfekte Fotomotiv: den Moment, wenn die kleinen Propellermaschinen auf dem noch nassen Sand aufsetzen. Und selbst erfahrene Piloten wollen den schottischen Flughafen wenigstens einmal in ihrer Karriere anfliegen. Denn wo sonst ist man schon direkt nach der Landung am Strand?

Adresse Eoligarry, Barra HS 9 5YD, Schottland | **Anreise** Barra Airport wird nur von Glasgow aus angeflogen, alternativ ist die Anreise per Fähre von Oban auf dem schottischen Festland möglich. | **Tipp** Im Süden der Insel lohnt Kisimul Castle einen Besuch. Die Burg aus dem 15. Jahrhundert liegt auf einer Felseninsel im Meer und kann nur mit dem Boot erreicht werden.

10 Aire de Berchem
Die größte Tankstelle

Ein Apotheker war der erste Tankwart der Welt. In der kleinen baden-württembergischen Stadt Wiesloch kaufte ihm Bertha Benz 1888 die Benzinvorräte leer. Die berühmte Pionierin der Automobilgeschichte war unterwegs von Mannheim nach Pforzheim und brauchte auf der gut 100 Kilometer langen Strecke Nachschub an Sprit. Es war die erste Überlandfahrt der Historie – und der Begriff der Tankstelle noch Zukunftsmusik.

Heute sind sie aus dem Straßenbild nicht mehr wegzudenken. Uniform und zweckmäßig stehen Tankstellen an allen großen Verkehrsachsen, Autobahnen und Landstraßen. Funktionale Bauten, schmucklos und unattraktiv. Und doch ragen einige von ihnen aus dem faden Einerlei heraus. Wie die Aire de Berchem, die größte Tankstelle Europas.

Der luxemburgische Ort Berchem hat nicht einmal 900 Einwohner, aber die Tanktouristen, die jeden Tag hierherkommen, übertreffen diese Zahl um ein Vielfaches. Rund 7.500 Pkw und 1.500 Lkw rollen täglich ein. Auf einer Fläche so groß wie acht Fußballfelder gibt es 51 Zapfsäulen – und nicht selten sind sie alle besetzt. 20 bis 30 Tanklaster pro Tag sorgen für flüssigen Nachschub. Inzwischen kommen sogar Touristen und Hobbyfotografen nach Berchem, nur um dieses Treiben zu beobachten. Die Tankstelle als Sehenswürdigkeit – das hätte sich der Apotheker aus Wiesloch sicher nicht träumen lassen.

Der Grund für den großen Andrang ist denkbar banal: die günstigen Benzinpreise. Kaum irgendwo in Westeuropa kann man so günstig tanken wie in Luxemburg. Die niedrige Mineralölsteuer im Großherzogtum macht es möglich. Und da die Nachbarländer nicht weit entfernt sind, kommen viele Autofahrer aus Belgien, Frankreich, den Niederlanden oder Deutschland zum Tanken hierher. Sollten sich alternative Antriebe jemals durchsetzen, könnte sich das natürlich ändern. Wer weiß: Vielleicht gäbe es Benzin dann wieder nur in der Apotheke.

Adresse 3321 Berchem, Luxemburg | **Anreise** Die Aire de Berchem liegt an der A 3/E 25 zwischen Croix de Gasperich und Livange und ist mit dem Auto in rund einer halben Stunde von der Stadt Luxemburg zu erreichen. | **Öffnungszeiten** täglich 9–24 Uhr | **Tipp** Wer sich vom Autofahren erholen will, kann das im nahe gelegenen Parc Merveilleux, dem einzigen Zoo Luxemburgs. Hier gibt es neben Tieren auch Abenteuerspielplätze und einen großen Waldbereich.

BERLIN, DEUTSCHLAND

11 Zoologischer Garten
Der artenreichste Zoo

Mehr als 28.000 Tiere aus über 1.300 Arten: Diese Vielfalt macht den Zoologischen Garten im Westen Berlins einzigartig. Von Ameisenbären und Antilopen über Giraffen und Gorillas bis hin zu Zebras und Zwergflusspferden: Ein einziger Besuch reicht kaum aus, um jede Tierart zu sehen.

Dabei hat der Zoo mal ganz klein angefangen. 47 Tiere gab es bei seiner Eröffnung 1844. Der preußische König Friedrich Wilhelm IV. hatte sie den Betreibern überlassen. Im Laufe der Zeit wurde der Zoologische Garten zur beliebten Freizeitstätte und wuchs kräftig. Immer mehr exotische Arten kamen hinzu.

Doch ist es nicht nur die schiere Menge an Tieren, die rund fünf Millionen Besucher im Jahr anlockt. Es sind einzelne Zoobewohner, denen man liebevolle Namen wie Bulette, Knorke oder Knautschke gegeben hat. Tierische Zeitgenossen, die den Berlinerinnen und Berlinern ans Herz gewachsen sind, mit denen sie mitfühlten und litten und um deren Verlust sie trauerten wie um den Tod eines Verwandten. Sie sind das Erfolgsgeheimnis des Zoos.

Zum ersten Publikumsliebling avancierte 1928 Gorilla Bobby. Aus Marseille kam der kleine Menschenaffe nach Berlin. Stilecht reiste er mit seinem Pfleger im Erste-Klasse-Abteil der Bahn an. Nach seinem frühen Tod wurde er gar in Granit verewigt und schmückt bis heute das Logo des Zoos. Zu ähnlicher Prominenz schaffte es auch Flusspferd Knautschke. Das Tier überlebte nicht nur die Bombenangriffe des Zweiten Weltkriegs, sondern dank der Futterspenden der Hauptstädter auch die Berlin-Blockade. Oder Eisbärbaby Knut. Von seiner Mutter verstoßen, wurde das weiße Fellknäuel aufopferungsvoll von seinem Pfleger großgezogen. Zuletzt sicherte sich der lang ersehnte Panda-Nachwuchs einen Platz im Herzen der Zoobesucher. Es sind die kleinen und großen tierischen Stars, die den Zoologischen Garten in der deutschen Hauptstadt so besonders machen.

Adresse Hardenbergplatz 8, 10787 Berlin, Deutschland | **Anreise** vom Hauptbahnhof Berlin mit S-Bahn, U-Bahn oder dem Bus bis zur Station Zoologischer Garten | **Öffnungszeiten** täglich 9–18.30 Uhr, im Winter verkürzte Öffnungszeiten | **Tipp** Das Gelände ist 33 Hektar groß. Wer den Zoo mit Kindern erkunden will oder viel Gepäck dabeihat, sollte am Löwentor einen Bollerwagen leihen.

BERNER ALPEN, SCHWEIZ

12 Jungfraujoch
Der höchstgelegene Bahnhof

Es war im August 1893, als der Schweizer Industrielle Adolf Guyer-Zeller einen kühnen Entschluss fasste. Eine Bahn wollte er bauen lassen, die bis auf den Gipfel der 4.158 Meter hohen Jungfrau führte. Bis dahin war der dritthöchste Berg der Berner Alpen mit seiner ewigen Schneedecke nur erfahrenen Alpinisten vorbehalten. Erst 1811 war die Erstbesteigung des Gipfels gelungen. Durch die geplante Bahnstrecke sollte er für ein breites Publikum zugänglich werden.

16 Jahre dauerte es vom ersten Spatenstich bis zur Fertigstellung der Strecke. Bis ganz auf den Gipfel, wie es sich Adolf Guyer-Zeller erträumt hatte, führt sie zwar nicht, aber mit ihrer Endstation auf dem Jungfraujoch auf 3.454 Metern Höhe gilt ihr Bau dennoch als technische Meisterleistung. Mehr als die Hälfte der gut neun Kilometer langen Strecke führt durch einen Tunnel. Der musste damals in Handarbeit durch das Bergmassiv geschlagen werden. Am 1. August 1912, dem Nationalfeiertag der Schweiz, fuhr schließlich die erste Bahn den gesamten Weg von der Kleinen Scheidegg bis zum Jungfraujoch hinauf.

Eine gute halbe Stunde dauert die Fahrt. Dabei überwindet die Zahnradbahn rund 1.400 Höhenmeter. Um die Besucher besser an die Höhenluft zu gewöhnen, gibt es einen Zwischenstopp an der Station Eismeer. Von hier aus hat man bereits freien Blick auf die Rückseite des berühmten Dreigestirns mit den Bergen Eiger, Mönch und Jungfrau.

Die Endstation der Bahn liegt im Tunnel. Wer dann aber auf die Aussichtsplattform hinaustritt, dem verschlägt es nicht selten den Atem – und das nicht nur wegen der dünnen Luft. Bei gutem Wetter eröffnet sich ein einmaliges Bergpanorama mit rund 200 Alpengipfeln. Die schneebedeckten Spitzen von Jungfrau und Mönch scheinen zum Greifen nah. Und man versteht die Faszination, die Adolf Guyer-Zeller vor mehr als 125 Jahren dazu bewogen haben mag, seinen wagemutigen Plan Realität werden zu lassen.

Adresse Jungfraujoch, 3984 Fieschertal, Schweiz | **Anreise** Von Bern mit dem Zug über Interlaken und Lauterbrunnen zur Kleinen Scheidegg. Dort startet die Jungfraubahn zum Jungfraujoch. | **Öffnungszeiten** Die Bahn fährt täglich ab 8 Uhr zum Jungfraujoch hinauf. Die letzte Rückfahrt variiert je nach Jahreszeit. | **Tipp** Eine Attraktion auf dem Jungfraujoch ist der Eispalast. In der rund 1.000 Quadratmeter großen Grotte kann man unzählige Eisskulpturen bestaunen.

13 — Velocity 2
Die schnellste Seilrutsche

»Drei, zwei eins!«, ruft ein Mitarbeiter – und dann geht es los. Erst langsam, dann immer schneller. Eingeschnürt wie ein Weihnachtspaket hängt man horizontal in der Luft und rast entlang des Stahlseils dem Abgrund entgegen. Nur ein paar Karabinerhaken trennen die Adrenalinjunkies von einem Sturz in die Tiefe, der mit Sicherheit tödlich wäre. Rasant geht es über die Mondlandschaft des ehemaligen Schiefersteinbruchs hinweg, manchmal nur wenige Meter über den zerklüfteten Felsen. Und das mit bis zu 160 Kilometern pro Stunde! Wer es dabei noch schafft, die Aussicht zu genießen, für den ist der leuchtend blaue See Llyn Dinas sicher ein Höhepunkt. Wie im Flug saust man an der Seilrutsche über ihn hinweg. Gut 1,5 Kilometer lang ist die Strecke, die man in nicht mal einer Minute zurücklegt.

Es ist das temporeichste Abenteuer dieser Art in Europa. Wer es erleben möchte, muss in den Norden von Wales reisen. In einer Region voller beeindruckender Bergketten liegt der Snowdonia-Nationalpark. Der Name leitet sich vom höchsten Berg des Landes, dem Mount Snowdon, ab. Einst war diese Gegend vom Bergbau geprägt. Doch seit einigen Jahren hat der Abenteuertourismus das Ruder übernommen. Gleich mehrere Outdoor-Unternehmen haben sich angesiedelt und bieten jede Menge Aktivitäten mit Potenzial für Nervenkitzel an: vom Surfen auf künstlichen Wellen über die Seilrutschen bis hin zum Springen auf unterirdischen Trampolinen. Wo früher Generationen von Männern unter Tage schufteten, ist jetzt flüchtiger Freizeitspaß angesagt.

Als Abenteuerzentrum Großbritanniens will sich die walisische Region etablieren. Ganz nach dem Vorbild Neuseelands, der Heimat vieler Extremsportarten. Ob man dieses Ziel erreichen wird, ist unklar. Aber mit Attraktionen wie der schnellsten Seilrutsche Europas rast man ihm auf jeden Fall mit atemberaubender Geschwindigkeit entgegen.

Adresse Zip World, Penrhyn Quarry, Bethesda, Gwynedd, LL 57 4YG, Wales | **Anreise** mit dem Auto von Manchester oder Liverpool in rund eineinhalb Stunden | **Öffnungszeiten** täglich außer 25. und 26. Dez. | **Tipp** Wer die Landschaft des Nationalparks lieber ganz altmodisch erleben möchte, sollte sich für eine Wanderung auf den rund 1.085 Meter hohen Mount Snowdon entscheiden. Hier hat schon Sir Edmund Hillary für die Besteigung des Mount Everest trainiert.

BODELVA, ENGLAND

14 — Eden Project
Der größte überdachte Regenwald

Ob es ihn jemals gab, den biblischen Garten Eden, ist ungewiss. Ein grünes Paradies soll er gewesen sein, ein Ort, an dem der Mensch in Harmonie mit der Natur lebte. Heute scheint genau diese Vision im Süden Englands Realität geworden zu sein. In der Grafschaft Cornwall findet man ihn: den Garten Eden der Gegenwart.

Sechs Jahre hat es gedauert, das »Eden Project« zum Leben zu erwecken. Um aus einer Einöde, in der früher Tonerde abgebaut wurde, eine fruchtbare Oase zu machen. 50 Hektar Fläche wurden mit rund 100.000 Pflanzen aus aller Welt begrünt. So sind Nachbildungen von Biotopen aus unterschiedlichen Klimazonen der Erde entstanden – die Naturlandschaften der Welt im Kleinformat.

Über einen Teil des Geländes spannen sich zwei Gewächshäuser in Form geodätischer Kuppeln. Wie große aneinandergeklebte Seifenblasen sehen sie aus. Im Inneren herrschen stabile klimatische Bedingungen. Unter den wabenförmig angeordneten Sechsecken aus Plastikfolie entfaltet sich die üppige Vegetation. Bis zu 50 Meter hoch und 240 Meter breit sind die freitragenden Strukturen. Gigantische Konstruktionen, die dennoch filigran wirken. Das größere der beiden Gewächshäuser beherbergt den größten überdachten Regenwald der Welt. Auf einer Fläche von 16.000 Quadratmetern wachsen hier bei tropischen Temperaturen Mangroven, Kautschukbäume, Farne, Bananenstauden und Palmen. Ein dichter Dschungel, den man als Besucher von einem Pfad aus erkunden kann.

Wer möchte, kann hier alles über dieses wertvolle Biotop lernen. Denn das »Eden Project« ist kein Vergnügungspark. Es versteht sich als Bildungszentrum und Umweltorganisation. Die Idee: Nur wer die Schönheit der Natur erlebt und sich mit ihr beschäftigt, kann sie auch schützen. Ein Anliegen, das heute drängender scheint als je zuvor. Denn sonst droht dem Menschen nicht weniger als die endgültige Vertreibung aus dem Paradies.

Adresse Bodelva, Cornwall, PL 24 2SG, England | **Anreise** Von London mit dem Zug bis St Austell, von dort weiter mit dem Bus 101. Wer mit öffentlichen Verkehrsmitteln, dem Fahrrad oder zu Fuß kommt, zahlt reduzierten Eintritt. | **Öffnungszeiten** ganzjährig, aktuelle Informationen unter www.edenproject.com | **Tipp** Jeden Sommer gibt es an ausgewählten Abenden Konzerte mit namhaften Musikern aus aller Welt im »Eden Project«. Die Gewächshauskuppeln sind dann stimmungsvoll beleuchtet.

BOULOGNE-SUR-MER, FRANKREICH

15 Nausicaá

Das größte Aquarium

Das Meer spielt in dieser Stadt traditionell die Hauptrolle. Boulogne-sur-Mer hat den größten Fischereihafen Frankreichs. Nicht weit von den Kuttern entfernt, direkt am Wasser, liegt das Meereszentrum Nausicaá. Rund 30 Kilometer südlich von Calais hat man der Unterwasserwelt ein gigantisches Denkmal gesetzt.

Das moderne Gebäude huldigt bereits in seiner äußeren Form einem der beeindruckendsten Meeresbewohner: dem Mantarochen. Im Inneren kann man den bis zu acht Meter großen Giganten auch in echt bewundern. Er zählt zu den 1.600 Arten, die in den zahlreichen Aquarien des Nausicaá zu bestaunen sind. Verschlungene Gänge führen die Besucher in eine Welt, die für viele unheimlich und faszinierend zugleich ist. Und die man so konzentriert wohl nirgends sonst zu sehen bekommt. In einem Becken tummeln sich farbenfrohe Tropenfische an Korallenriffen, im nächsten scheinen zart schimmernde Quallen nur so dahinzuschweben. Ein paar Meter weiter kann man beobachten, wie zentnerschwere Seelöwen elegant durchs Wasser gleiten. Und in einem 18 Meter langen gläsernen Tunnel fühlt man sich – umgeben von Haien, Rochen und großen Fischschwärmen – fast als Teil der Unterwasserwelt.

Gegen Ende des Rundgangs wartet dann noch ein besonderes Highlight: das größte Aquarien-Becken Europas. In zehn Millionen Litern Wasser wurde ein Ökosystem rekonstruiert, wie es real vor einer Tausende Kilometer entfernten kolumbianischen Insel zu finden ist. Durch die 100 Quadratmeter große, tonnenschwere Glasscheibe kann man die Welt des Pazifischen Ozeans erleben. Riesenzackenbarsche, Sardinenschwärme und sogar Hammerhaie ziehen direkt vor den Augen der Besucher vorbei. Und schließlich auch die Riesenmantas. Selbst erfahrene Taucher bekommen diese beeindruckenden Geschöpfe nur selten zu sehen. Ein Besuch im Nausicaá ist ein Erlebnis, bei dem man den Wundern der Weltmeere ein ganzes Stück näherkommt.

Adresse Boulevard Sainte-Beuve, 62203 Boulogne-sur-Mer, Frankreich | **Anreise** Man erreicht das Meereszentrum in rund 2,5 Stunden mit dem Auto von Paris, alternativ mit dem Zug von Paris über Calais und weiter mit dem Bus (Linie F). | **Öffnungszeiten** täglich 9.30–18.30 Uhr, 25. Dez. sowie 6.–24. Jan. geschlossen | **Tipp** Das nahe gelegene Museum »Maison de la Beurière« zeigt, wie die Fischer im ausgehenden 19. Jahrhundert lebten.

BRÜSSEL, BELGIEN

16 Delirium Café
Die Bar mit der größten Bierauswahl

Deutschland gilt als Land der Biertrinker, aber Belgien als das der Biervielfalt. Daher ist es kaum eine Überraschung, dass hier eine Bar genau daraus Kapital schlägt. Sogar ins Guinnessbuch der Rekorde hat es das »Delirium Café« in Brüssel geschafft: mit 2.004 Biersorten auf der Karte. Das war vor gut 15 Jahren, inzwischen sind weitere hinzugekommen. Aber wer kann bei der Menge schon wirklich den Überblick behalten?

Mitten in der Brüsseler Altstadt hat die Bar in einem Kellergewölbe aus dem 18. Jahrhundert ihr Zuhause gefunden. Von der Decke hängen Bierkrüge und Serviertabletts mit den Logos von Biermarken aus aller Welt. In den Regalen warten unzählige Flaschen mit bunten Etiketten darauf, bestellt zu werden. 192 Seiten lang ist die Getränkekarte. Wem es schwerfällt, sich zu entscheiden, der kann sich von den Barkeepern beraten lassen.

Viele Biersorten aus Belgien, aber auch solche von weit her kann man verkosten: ob aus Indonesien oder China, aus Mexiko oder Peru, aus Korea oder dem Kongo. Zur Wahl stehen Klassiker wie Pils, Ale oder Starkbier, aber auch Fruchtbiere oder solche mit ungewöhnlichen Zutaten wie Schokolade oder Chili. Die meisten Sorten stammen aus kleinen Brauereien. So wie das Hausbier »Delirium Tremens«, das der Bar ihren Namen gab. Das helle Starkbier schmeckt nach Kräutern, Gewürzen und Dörrobst und wird in einer Privatbrauerei im Osten Flanderns produziert. Es ist das beliebteste Bier auf der Karte. Das teuerste ist mit gut 110 Euro pro Flasche das »3 Fonteinen Hommage«, ein Fruchtlambic mit Himbeeren und Sauerkirschen. Ob es den Preis wert ist, müssen die Gäste entscheiden.

Und wer irgendwann genug vom Bier hat, kann in eine der anderen Bars des »Delirium Village« wechseln, das inzwischen um das Lokal herum entstanden ist. Auf der Karte stehen Absinth, Rum oder Tequila – natürlich ebenfalls jeweils eine Auswahl mehrerer hundert Sorten.

Adresse Impasse de la Fidélité 4, 1000 Brüssel, Belgien | **Anreise** Vom Hauptbahnhof Brüssel erreicht man das »Delirium Café« in gut fünf Minuten zu Fuß. | **Öffnungszeiten** Mo–Do 18–4 Uhr, Fr, Sa 10–6 Uhr, So 10–3 Uhr | **Tipp** Ein Besuch lohnt vor allem am Donnerstag. Dann gibt es Livemusik und Jam-Sessions.

17 Budapest
Die größte Kurstadt

Dichte Dampfschwaden liegen über dem zartgelben, palastartigen Bau des Széchenyi-Bades. Es ist voll im beliebtesten Thermalbad Budapests – und das zu jeder Jahreszeit. Touristen und Einheimische gleichermaßen bevölkern die 15 Becken der Badeanlage. Schwimmer ziehen im kühleren Wasser bei 26 Grad Celsius ihre Bahnen, während es sich ein paar ältere Herren im Nachbarbecken bei wohligen 38 Grad Celsius mit ihrem Schachbrett gemütlich gemacht haben. Für viele Budapester gehört der Besuch in einem der gut ein Dutzend Thermalbäder der Stadt ganz einfach zum Alltag. Man trifft sich, tauscht Neuigkeiten aus, spricht über die Arbeit oder besiegelt Geschäfte.

Dass es in der ungarischen Hauptstadt so viele Heilbäder gibt, liegt an einem riesigen unterirdischen See unterhalb des Karpatenbeckens. In 1.000 Metern Tiefe heizt sich das Wasser durch die Nähe zum Erdkern auf. Und weil genau unter Budapest ein Riss durch die Gesteinsschicht verläuft, drängt es mit Temperaturen von bis zu 76 Grad Celsius an die Oberfläche. Angereichert mit Mineralien, denen heilende Wirkungen nachgesagt werden. 123 solcher natürlicher Quellen gibt es rund um die Stadt. Schon die Römer machten sie sich zunutze, als sie vor rund 2.000 Jahren hier siedelten. Damals war das Klima noch nicht so mild, und die Soldaten froren. Also leiteten sie das warme Wasser, das vielerorts munter aus dem Boden sprudelte, in ein wärmendes Bad um. »Aquincum« nannten sie ihre Stadt: »viel Wasser«. 1.500 Jahre später errichteten auch die Osmanen hier Heilbäder – ähnlich den Hamams in ihrer Heimat.

An diese Traditionen knüpften die Ungarn nach vielen Kriegen und Revolutionen an. Bäder wie das Széchenyi im Stadtteil Pest, das Gellért-Bad auf der Budaer Seite oder das Rudas-Bad, das noch auf die Zeit der Osmanen zurückgeht, sind über die Landesgrenzen hinaus bekannt. Sie locken Besucher aus aller Welt in Europas größte Kurstadt.

Adresse Budapest, Ungarn | **Anreise** Budapest ist über seinen Flughafen und drei große Bahnhöfe gut angebunden, innerhalb der Stadt sollte man sich, wo möglich, mit der Metró fortbewegen. | **Tipp** Direkt neben dem Lukács-Bad befindet sich der Eingang zur Molnár-János-Höhle, wo erfahrene Taucher im warmen Thermalwasser auf Höhlenexpedition gehen können.

18 Parlamentspalast
Das Gebäude mit der größten Fläche

Er ist das steinerne Mahnmal eines dunklen Kapitels der Geschichte des Landes. Schon von Weitem sieht man ihn: den Parlamentspalast von Bukarest. Monumental und monströs ragt er inmitten der rumänischen Hauptstadt empor. Er zeugt vom Größenwahn eines machtbesessenen Diktators.

Nicolae Ceaușescu ließ das »Haus des Volkes«, wie es damals hieß, ab 1984 bauen. In gigantischen Dimensionen, als Symbol seiner Macht. Ein drei Kilometer langer Boulevard sollte direkt auf den Prunkbau zuführen. Die Opfer, die die Bevölkerung dafür bringen musste, waren erheblich. Für Palast und Boulevard ließ der Diktator einen Teil der Altstadt, darunter Kirchen und Synagogen, abreißen. Mehr als 50.000 Familien wurden zwangsumgesiedelt, um dem Großprojekt Platz zu machen. In den Bau floss ein großer Teil der staatlichen Mittel. 20.000 Arbeiter sowie 400 Architekten und Ingenieure waren rund um die Uhr in drei Schichten beschäftigt, um Ceaușescus Traum Realität werden zu lassen. Nahrungsmittel und Strom für die Rumänen wurden rationiert. Das Volk darbte, der Diktator baute.

Unter diesen Bedingungen entstand ein Gebäude der Superlative. 2.200 Quadratmeter misst der größte Saal im Palast, insgesamt verteilen sich 365.000 Quadratmeter Fläche auf zwölf Etagen. Viele der 5.300 Zimmer, Hallen und Flure schmücken Kristallleuchter und Marmorsäulen. 31 Aufzüge und 2.000 Kilometer elektrische Leitungen wurden verbaut.

Noch bevor der Palast ganz vollendet werden konnte, kam die politische Wende. Die Revolutionen im Ostblock führten auch in Rumänien zum Zusammenbruch des sozialistischen Systems und zum Sturz Ceaușescus. Sein überdimensionierter Prachtbau aber blieb erhalten. Heute haben hier die rumänische Abgeordnetenkammer und der Senat ihren Sitz. Längst ist das Gebäude zu einer der größten Touristenattraktionen der Stadt geworden. Und zu einem unübersehbaren Denkmal der Geschichte.

Adresse Strada Izvor 2–4, Bukarest, Rumänien | **Anreise** vom Hauptbahnhof in Bukarest Gara de Nord mit der Metrolinie 1 oder der Buslinie 123 bis Pod Izvor, von dort weiter mit Linie 136 bis zur Station Casa Academiei | **Öffnungszeiten** Besichtigungen täglich 9–16 Uhr, vorher buchen unter cic.vizite@cdep.ro | **Tipp** Auf der Rückseite des Gebäudes ist das Nationalmuseum untergebracht. Neben einer großen Sammlung rumänischer Kunst gibt es viele internationale Werke zu sehen.

CHALKIDIKI, GRIECHENLAND

19 Athos

Die einzige Region, zu der nur Männer Zutritt haben

Es ist das Eintrittsticket in eine ganz eigene Welt: Ohne ein Diamonitirion, eine Art Visum, darf man nicht in die Mönchsrepublik Athos einreisen. Nur 100 orthodoxen Pilgern pro Tag wird eine solche Genehmigung erteilt. Und weiteren zehn nicht orthodoxen Besuchern. Der Zugang wird streng kontrolliert, und eine Voraussetzung müssen alle erfüllen: Sie müssen Männer sein.

Denn die äußerste Landzunge der Halbinsel Chalkidiki gehört zwar zu Griechenland, hat aber autonomen Status. Schon seit mehr als 1.000 Jahren leben orthodoxe Mönche hier rund um den heiligen Berg Athos. Insgesamt 20 Großklöster und zahlreiche kleinere Gemeinschaften gibt es auf dem Territorium.

Die Mönche leben nach jahrhundertealten Regeln. Ihr Alltag wird bestimmt von Gebeten und Gottesdiensten. Einige haben sich gar als Eremiten in abgelegene Felshöhlen zurückgezogen. Glaube, Demut und Keuschheit sind die wichtigsten Gebote. Dazu gehört auch das sogenannte »Ávaton«, das Zutrittsverbot für Frauen, das selbst für weibliche Tiere gilt. Denn der Athos gilt den orthodoxen Mönchen als Garten der Gottesmutter Maria – er ist daher einzig und allein ihr vorbehalten.

An dem Frauenbann halten die Gläubigen bis heute fest. Zäune, Mauern und Stacheldraht schützen die abgeschirmte Männerwelt vor unerwünschten Eindringlingen. Mindestens 500 Meter Abstand zur Küste müssen selbst die Touristen- und Fischerboote halten, wenn sie vor der Mittelmeerinsel unterwegs sind.

Die männlichen Pilger, die den Athos besuchen dürfen, bekommen Einblick in den Alltag der Mönche, zu dem handwerkliche Aufgaben und Selbstversorgung genauso gehören wie das Gebet. Vier Tage dürfen sie bleiben und jeweils eine Nacht in einem der Klöster unterkommen. Den Gepflogenheiten der Mönche müssen sie sich natürlich unterordnen. Zum Beispiel bei der Begrüßung. Die lautet hier nach alter Tradition: »Evlogite!« – »Segnen Sie mich!«

Adresse Athos, Chalkidiki, Griechenland | **Anreise** Von Thessaloniki kommt man mit dem Bus bis zur Grenzstadt Ouranoupoli. Hier erhält man das Diamonitirion (circa zwei Monate vorher beantragen). Dann geht es weiter mit dem Schiff nach Daphni, dem Eingangshafen zum Athos. | **Tipp** Bei einer Fahrt auf dem Touristendampfer können alle – auch Frauen – die Klöster und den heiligen Berg zumindest aus der Ferne sehen. Drei bis vier Stunden dauert die Fahrt entlang der Südküste der Halbinsel, Start ist in Ouranoupoli.

CHAMBLEY-BUSSIÈRES, FRANKREICH

20 Mondial Air Ballons
Das größte Heißluftballontreffen

Einmal im Jahr wird es bunt über Chambley-Bussières. Bis zu 500 Heißluftballons gleichzeitig bevölkern dann den Himmel über der lothringischen Gemeinde in der Nähe von Metz. Zum Festival »Mondial Air Ballons« kommen jeden Sommer Ballonfahrer aus rund 40 Nationen in den Nordosten Frankreichs. Sie sorgen zehn Tage lang mit regelmäßigen Massenstarts für ein einmaliges Spektakel in luftiger Höhe.

Schon seit 1989 gibt es das Heißluftballontreffen. Es ist das größte seiner Art in Europa. Dass es ausgerechnet in Frankreich stattfindet, ist wohl kein Zufall, denn das Land gilt als Wiege der modernen Ballonfahrt. Die Gebrüder Montgolfier ließen 1783 den ersten großen Ballon am Hof König Ludwigs XVI. aufsteigen. Ein Hammel, ein Hahn und eine Ente sollen die Passagiere dieser ersten historischen Fahrt gewesen sein. Acht Minuten lang blieben sie mit dem Ballon in der Luft. Kurze Zeit später schaffte es der Franzose Jean-François Pilâtre de Rozier als erster Mensch mit einem Heißluftballon in eine Höhe von rund 26 Metern. Einer seiner Nachfahren, Philippe Buron Pilâtre, war es, der das Festival in Chambley ins Leben rief.

Und dort heißt es: früh aufstehen! Denn um sechs Uhr morgens beginnt die Einweisung für den ersten Start. Die Erlaubnis zum Aufstieg gibt es nur bei gutem Wetter: kein Regen, nicht zu viel Wind. Denn Ballonfahren ist nach wie vor eine Unternehmung, bei der man nicht alles kalkulieren kann. Jede Fahrt ist anders. Man kennt zwar den Startplatz, aber nicht den der Landung. Genau das fasziniert viele Festivalteilnehmer. Und so freuen sie sich an jedem der zehn Tage aufs Neue, wenn es losgeht. Von der drei Kilometer langen Landebahn des ehemaligen Militärflughafens heben sie ab und gleiten scheinbar schwerelos über die Kornfelder und Wiesen Lothringens. Und zaubern dabei für die Zuschauer am Boden ein einzigartiges Bild an den Himmel über Frankreich.

Adresse Aérodrome de Chambley, 11 Boulevard Antoine de Saint-Exupéry, 54470 Hagéville, Frankreich | **Anreise** mit dem Zug bis Metz, von dort weiter mit dem Mietwagen (rund 35 Kilometer) | **Tipp** Ein besonderes Highlight während des Festivals ist das »Nachtglühen«. Dabei bleiben die Ballons zwar am Boden, werden aber durch ihre Brenner hell erleuchtet.

DUBLIN, IRLAND

21 Christ Church Cathedral
Die Kirche mit den meisten freischwingenden Glocken

Wenn sonntags um zehn Uhr die Glocken der Dubliner Christ Church Cathedral läuten, dann ist das ein kleiner Kraftakt. Denn die 19 Glocken der mittelalterlichen Kirche werden noch von Hand geläutet. 19 Glöckner sind dafür nötig, denn jede von ihnen wird einzeln von der Läutestube aus über ein eigenes Seil bedient. Wie bei einem Orchester kommt es auf perfektes Timing und präzise Abstimmung an, damit am Ende ein harmonischer Klang und nicht nur ein wildes Durcheinander von Tönen zu hören ist.

Schon im Mittelalter war die Kathedrale im Herzen der irischen Hauptstadt eine wichtige Pilgerstätte für Gläubige. Das kunstvolle Glockenläuten gehört hier bereits seit Jahrhunderten zu den Gottesdiensten dazu. Und das ist echte körperliche Arbeit. Immerhin wiegt die schwerste Glocke in der Christ Church Cathedral mehr als 2.000 Kilogramm.

Jede der 19 Glocken ist an einem eigenen Holzrad befestigt und wird mit Hilfe eines Seils nach und nach so in Schwingung versetzt, dass sie sich irgendwann um 360 Grad dreht. Steht die Glocke senkrecht, also »auf dem Kopf«, berührt der Klöppel den Glockenkörper und erzeugt einen Ton.

Das geschickte Zusammenspiel aller Glocken ergibt den charakteristischen Klang. Wechselläuten nennt sich diese Tradition, die vor allem im angelsächsischen Raum verbreitet ist. Rund 5.000 Kirchen mit Wechselgeläut gibt es in England. Bis man die Technik perfekt beherrscht, braucht es Monate oder gar Jahre der Übung. Sogar eigene Meisterschaften im Wechselläuten gibt es.

Ein Besuch in der Christ Church Cathedral lohnt sich aber nicht nur wegen der Glocken. Große Buntglasfenster tauchen den Innenraum der Kirche in ein besonderes Licht. Und unter den detailreichen Bodenmosaiken befindet sich zudem eine der größten Krypten des Landes. Die mächtige Dubliner Kathedrale ist also im allerbesten Sinne sehens- und hörenswert.

Adresse Christchurch Place, Dublin 8, Irland | **Anreise** Mit dem Zug bis Dublin Heuston oder Connolly Station, von dort mit dem Bus. Die nächstgelegenen Stationen sind High Street, Patrick Street und Lord Edward Street. | **Öffnungszeiten** täglich außer 26. Dez., mehr Informationen unter www.christchurchcathedral.ie | **Tipp** Bei einer Führung können die Besucher selbst zum Glöckner werden und sich in der Technik des Wechselläutens versuchen.

22 Tara-Schlucht
Die tiefste Schlucht

Schon der Ausblick von der Đurđevića-Tara-Brücke ist einmalig. Selbst hier oben, in 150 Metern Höhe, hört man die Tara rauschen. Klar, blau und wild fließt sie unter der Brücke hindurch. Seit Jahrtausenden bahnt sich der Fluss seinen Weg durch die Natur. Beharrlich hat sich das Wasser in die massiven Felsen hineingegraben. Entstanden ist eine gewaltige Schlucht inmitten einer noch weitgehend unberührten Naturlandschaft.

Wer die Tara-Schlucht entdecken will, muss nach Montenegro reisen. Rund um das Bergmassiv im Norden des Landes liegt der Durmitor-Nationalpark. Auf 59 Kilometern Länge durchquert der längste Fluss des Landes den Park: die Tara. Links und rechts des Ufers ragen steile Felswände empor, bis zu 1.300 Meter geht es nahezu senkrecht in die Höhe. Die Region ist ein Paradies für Naturliebhaber und Extremsportler. Denn am besten lässt sich die Tara-Schlucht bei einem Rafting-Ausflug erkunden. Je nach Wasserstand geht es mal gemächlich, mal rasant im Schlauchboot flussabwärts. Bis zu 40 Stromschnellen gilt es zu meistern. Im Sommer, wenn die Tara nicht so viel Wasser führt, geht das am einfachsten. Dann ist die beste Zeit, um das Abenteuer auch ohne große Vorkenntnisse anzutreten und die Naturschönheiten entlang der Tara in Ruhe zu genießen. Das lohnt sich allemal, denn der Fluss führt vorbei an bis zu 60 Meter hohen Wasserfällen und grün bewachsenen Uferbänken, an beeindruckenden Felsformationen und vielen kleineren und größeren Höhlen.

Wer sich traut, kann auch den Sprung ins meist glasklare Wasser der Tara wagen und baden gehen. Eine nicht zu unterschätzende Mutprobe, denn selbst im Hochsommer erwärmt sich das Wasser selten auf mehr als zwölf Grad Celsius. Doch auch ohne diesen Kälteschock ist eine Fahrt durch die Tara-Schlucht ein einmaliges Erlebnis, das das Herz der meisten Besucher mit Sicherheit höherschlagen lässt.

Adresse Durmitor-Nationalpark, 84220 Žabljak, Montenegro | **Anreise** Von der Hauptstadt Montenegros, Podgorica, sind es rund 150 Kilometer mit dem Auto bis zum Nationalpark. Die meisten Rafting-Touren starten von Žabljak. | **Tipp** Direkt neben der Đurđevića-Tara-Brücke kann man die Tara-Schlucht auch an einer Zipline überqueren. 350 Meter lang ist die Seilrutsche (geöffnet Mitte April bis Anfang Oktober).

23 LeapRus 3912
Das höchstgelegene Hotel

Er gehört zu den »Seven Summits«, die auf der Liste vieler Bergsteiger stehen: der Elbrus. Tief im Süden Russlands liegt das Bergmassiv mitten im Kaukasus an der Grenze zwischen Europa und Asien. Es ist eine unwirtliche Gegend mit vielen rauen Gipfeln. Und über allem thront der Elbrus. 5.642 Meter über den Meeresspiegel ragt seine höchste Spitze auf. Damit ist er – noch vor dem Mont Blanc – der höchste Berg des europäischen Kontinents.

Wer ihn erklimmen will, gelangt mit der Seilbahn bis auf knapp 3.850 Meter. Danach geht es nur noch zu Fuß weiter. Die meisten Bergsteiger bringen ihre Ausrüstung mit und übernachten in Zelten oder einfachen Berghütten – oft ohne Strom und Wasser. Doch seit 2013 bietet auch ein Drei-Sterne-Hotel den potenziellen Gipfelstürmern Unterschlupf. Der auffällige Bau besteht aus drei weißen, röhrenförmigen Strukturen. In ihnen befinden sich die Schlafräume und das Restaurant. In einem Nebengebäude sind die sanitären Einrichtungen untergebracht.

LeapRus 3912 heißt die Unterkunft, weil sie auf genau 3.912 Metern liegt. In dieser luftigen Höhe zu bauen war für die Initiatoren ein logistischer Kraftakt. Der Entwurf stammt von einem italienischen Architekturbüro. Wie bei einem Puzzle wurden die Einzelteile des Hotels vorgefertigt, per Hubschrauber auf den Berg gebracht und dort zusammengesetzt. Dafür musste das Baumaterial extrem leicht sein. Und auch sonst mussten die Architekten kreativ werden. Das Wasser zum Waschen und Kochen wird zum Beispiel aus geschmolzenem Schnee gewonnen.

Zugegeben: Großen Luxus darf man auch hier nicht erwarten. Die Gäste schlafen in einem Zwölf-Bett-Saal, und der Weg zum Badcontainer führt durch die klirrende Kälte des Kaukasus. Dennoch bietet das Hotel zumindest ein wenig Komfort in dieser rauen Umgebung. Und vor allem bietet es eins: den perfekten Blick aus den Panoramafenstern auf den Gipfel des Elbrus.

Adresse 361605 Terskol, Republik Kabardino-Balkarien, Russland | **Anreise** Mit dem Flugzeug oder dem Zug bis Mineralnye Vody, von dort weiter mit einem Shuttle oder Taxi bis Terskol. Von der Talstation Poljana Asau geht es mit der Seilbahn bis zur Station Gara-Baschi auf rund 3.850 Metern. Von dort organisiert das Hotel die Abholung mit der Pistenraupe. | **Öffnungszeiten** Mai–Sept. | **Tipp** Für die Gipfelbesteigung sollte man Erfahrung mitbringen und vor allem ausreichend Zeit einplanen, um sich an die dünne Höhenluft zu gewöhnen.

FINSE, NORWEGEN

24 Ice Music Festival
Das kälteste Musikfestival

Kristallklare Glockentöne paaren sich mit dem rhythmischen Sound einer Marimba. Dazu ein Kratzen und Schürfen und schließlich der tiefe, eindringliche Ton eines Horns. So kann Eis klingen? Es ist ein sphärischer Soundtrack, der sich perfekt einfügt in die eisbedeckte Landschaft rund um Finse. Einmal im Jahr wird der kleine norwegische Ort zum Schauplatz eines ganz besonderen Musikfestivals. Denn gespielt wird auf Instrumenten aus Eis.

Innerhalb weniger Stunden »bauen« die Musiker ihre Instrumente. Und zwar aus Eisblöcken, die aus dem nahe gelegenen See stammen. Mit Kettensägen, Hobeln und Bunsenbrennern bringen sie das Eis in die richtige Form. Nicht nur der Klang der Instrumente muss stimmen, sondern auch ihre Beschaffenheit. Denn sind sie zu filigran, können sie leicht zerbrechen. Viel Zeit zum Üben bleibt den Teilnehmern dann nicht: Sobald sie auf ihren Instrumenten spielen, beginnen diese zu schmelzen. So heißt es bei den Konzerten immer wieder: improvisieren!

Dass es ein solches Festival überhaupt gibt, ist dem norwegischen Musiker Terje Isungset zu verdanken. Er experimentierte schon früh mit Naturmaterialien wie Holz oder Stein. Der Besuch einer Eishöhle inspirierte ihn, den Klang von Eis zu erkunden. Inzwischen ist aus seiner Idee ein ganzes Musikfestival geworden.

Besucher aus aller Welt kommen für das mehrtägige Event jeden Februar nach Norwegen, um die einzigartigen Konzerte zu erleben. Und ein Erlebnis sind die auf jeden Fall: Denn nicht nur die Instrumente, sondern auch die Bühne und der Zuschauerraum bestehen aus Eis. Musiker und Publikum sitzen mitten in der winterlichen Landschaft im Freien. Und das bei Temperaturen, die schon mal auf minus 20 Grad Celsius oder tiefer fallen können. Das ist natürlich eine Herausforderung für alle Beteiligten. Aber es ist genau das, was die besondere Faszination dieses Festivals ausmacht: der Einklang von Musik und Natur.

Adresse 5719 Finse, Norwegen | **Anreise** Mit dem Zug erreicht man Finse von Bergen in rund 2,5 Stunden, von Oslo in gut vier Stunden. | **Öffnungszeiten** mehrtägiges Festival Anfang Februar | **Tipp** Der nahe Gletscher Hardangerjøkul, den man auf geführten Wanderungen erkunden kann, diente als Drehort für den Eisplaneten Hoth in »Star Wars: Episode V – Das Imperium schlägt zurück«.

25 Labirinto della Masone

Das größte Bambus-Labyrinth

Eigentlich hat Franco Maria Ricci Geologie studiert. Doch die Naturwissenschaften konnten den Spross einer aristokratischen Familie aus Parma nicht lange begeistern. Sein Herz und seine Leidenschaft gehörten den schönen Künsten. Ihnen hat er daher sein Leben gewidmet. Ob als Grafikdesigner, Verleger oder Kunstsammler – das Multitalent hat sich in vielen Bereichen kreativ ausgelebt. 2003 verkaufte er schließlich seinen Verlag, um sich einen Lebenstraum zu erfüllen: das größte Labyrinth der Welt.

Auf seinem Grundstück in der Nähe von Fontanellato, rund 20 Kilometer von Parma entfernt, ist es entstanden. Auf einer Fläche von 70.000 Quadratmetern, gewachsen aus etwa 200.000 Bambuspflanzen. Die asiatische Pflanze passte perfekt zu seinem Vorhaben: stabil, elegant und immergrün. Und: Bambus wächst schnell. Ein entscheidender Vorteil, denn der ehemalige Verleger war fast 70 Jahre alt, als er 2005 mit seinem Projekt begann. Weniger als drei Jahre dauerte es, das Labyrinth zum Leben zu erwecken.

Die Form des Irrgartens orientiert sich an römischen Mosaiken. Ein Wegesystem von insgesamt drei Kilometern Länge führt durch das Bambuslabyrinth. Keine Kurven, keine verschlungenen Pfade gibt es hier, nur rechte Winkel. So sehen die drei Meter breiten Gänge alle gleich aus. Eine Garantie dafür, dass sich die Besucher – umgeben vom meterhohen Grün – in eine der vielen Sackgassen verirren.

Wer schließlich aus dem Labyrinth herausfindet, auf den warten auf dem Anwesen weitere Einblicke in die Gedankenwelt des Signore Ricci. Neben einer Bibliothek mit sämtlichen Werken, die er publiziert hat, zeigt ein Museum die umfangreiche private Kunstsammlung des inzwischen verstorbenen Mäzens. Dazu gibt es Räume für Ausstellungen und Konzerte. Es ist unverkennbar sein Lebenswerk und sein Vermächtnis. Ein Ort, an dem man sich verlieren kann – im Labyrinth und in der Schönheit der Künste.

Adresse Str. Masone 121, 43012 Fontanellato, Italien | **Anreise** Mit dem Zug bis Fidenza oder Parma, von dort sind es mit dem Auto knapp 15 Minuten bis zum Anwesen des Kunstmäzens. | **Öffnungszeiten** täglich außer dienstags 10.30–19.30 Uhr (April–Okt.), 9.30–18.30 Uhr (Nov.–März) | **Tipp** Sehenswert ist auch das Castello »Rocca Sanvitale« in Fontanellato mit Fresken des italienischen Künstlers Parmigianino aus dem frühen 16. Jahrhundert.

GIBRALTAR, VEREINIGTES KÖNIGREICH

26 — Upper Rock Nature Reserve
Die einzigen frei lebenden Affen

Es ist ohnehin ein merkwürdiges Fleckchen Erde in Europa: das britische Überseegebiet Gibraltar an der Südspitze Spaniens. Mitten im mediterranen Klima, umgeben von andalusischem Flair, wo Flamenco und Sherry die Hauptrollen spielen, hält sich seit mehr als 300 Jahren ein Stück Großbritannien. Mit Teatime, roten Telefonzellen und einem gepflegten Pint beim abendlichen Pub-Besuch.

Das allein wäre schon Grund genug für einen Besuch, doch der eigentliche Touristenmagnet in Gibraltar sind sie: die Berberaffen. Rund 260 von ihnen leben auf dem kleinen Landzipfel. Heimisch sind sie eigentlich im Norden Afrikas. Es wird vermutet, dass sie während der arabischen Herrschaft in Spanien ab dem 8. Jahrhundert hierherkamen. 1713 wurde der umkämpfte Felsen von Gibraltar den Briten zugesprochen und später zur Kronkolonie. Heute ist er der einzige Ort in Europa, an dem die Primaten frei leben.

Auf dem Upper Rock turnen sie munter durch die Gegend. Der Felsen ist Naturschutzgebiet. Wer die Berberaffen sehen möchte, muss zu Fuß oder per Seilbahn hinauf auf den gut 400 Meter hohen Berg. Oben angekommen lassen die Tiere meist nicht lange auf sich warten. Denn dass man den Touristen oft kleine Snacks abluchsen kann, haben die frechen Affen längst gelernt. Allzu oft werden sie jedoch aufdringlicher, als den Besuchern lieb ist. Füttern ist daher eigentlich streng verboten und wird mit deftigen Bußgeldern geahndet. Das dient vor allem dem Schutz der Tiere, denn immer häufiger leiden die Affen an Krankheiten wie Diabetes oder Karies.

Gibraltar ist ein Unikum in Europa. Um die Hoheit über das Gebiet gibt es zwar immer wieder Streit zwischen dem Vereinigten Königreich und Spanien, doch die Briten sind zuversichtlich. Denn der Legende nach wird ihre Herrschaft hier so lange andauern, wie es Affen auf dem Felsen gibt.

Adresse Upper Rock Nature Reserve, GX11 1AA, Gibraltar | **Anreise** Der Flughafen von Gibraltar wird nur vom Vereinigten Königreich und Marokko angeflogen. Alternativ ist die Einreise über den Landweg von der spanischen Stadt La Línea de la Concepción aus möglich. Zum Upper Rock gelangt man mit der Seilbahn oder zu Fuß. | **Öffnungszeiten** täglich 9.30–19.15 Uhr | **Tipp** Selbst wenn man nicht wegen der Affen nach Gibraltar kommt, lohnt der Eintritt in den Naturpark. Auf mehreren Routen kann man kleine Wanderungen unternehmen und bei gutem Wetter bis zum rund 25 Kilometer entfernten Marokko hinüberblicken.

GRAN CANARIA, SPANIEN

27 — Valle de Agaete
Das einzige Kaffeeanbaugebiet

Es soll ein Hirte im Gebiet des heutigen Äthiopien gewesen sein, der die Kaffeepflanze entdeckte. Er hatte beobachtet, dass einige seiner Ziegen wie aufgedreht herumsprangen, nachdem sie von den roten Früchten der Pflanze gegessen hatten. Ein Zufall, der den Grundstein für die Entstehung eines Getränks legte, das heute zu den beliebtesten weltweit zählt.

Besonders viel Kaffee wird übrigens in europäischen Ländern konsumiert, allen voran in Finnland. Rund zwölf Kilogramm verbraucht jeder Finne statistisch gesehen pro Jahr – das sind drei bis vier Tassen täglich. Auch in Deutschland ist Kaffee das Lieblingsgetränk Nummer eins, noch vor Wasser oder Bier. Angebaut werden die Pflanzen allerdings in anderen Teilen der Welt. Länder wie Brasilien, Kolumbien, Indonesien oder Äthiopien sind als Kaffeeproduzenten bekannt.

Tatsächlich gibt es aber auch in Europa Regionen, in denen Kaffeepflanzen wachsen. Und zwar im milden Klima der Azoren und der Kanarischen Inseln. Hier haben einige Bewohner Kaffeepflanzen im eigenen Garten und ernten die Bohnen für den Privatgebrauch. Das größte Anbaugebiet – und das einzige wirklich kommerzielle – befindet sich auf Gran Canaria.

Im lang gestreckten Tal »Valle de Agaete« gedeiht inmitten üppiger Vegetation auch Kaffee. Die spanische Insel vor der Küste Nordafrikas bietet perfekte Bedingungen: ganzjährig milde Temperaturen und fruchtbare Lavaböden. Zwischen 1.500 und 2.000 Kilogramm Kaffee pro Jahr werden hier produziert. Klein, aber fein ist die Devise. Geerntet werden die Kaffeekirschen von Hand. Nur die reifen roten Früchte landen auf dem Trockensieb. Auch die weitere Verarbeitung bis hin zum Rösten übernehmen die Kaffeebauern direkt vor Ort. Exportiert wird der Kaffee aus Agaete zwar nicht, dafür bekommen Kaffeeliebhaber hier etwas, was in Europa eine echte Rarität ist: eine Tasse Kaffee aus regionalem Anbau.

Adresse Valle de Agaete, Provinz Las Palmas, Gran Canaria, Spanien | **Anreise** Von Las Palmas de Gran Canaria sind es mit dem Bus oder Mietwagen rund 30 Kilometer bis zum Ort Agaete. Das Tal der Kaffeebauern erstreckt sich südöstlich davon. | **Tipp** Erntezeit ist von März bis Juni. Einige Fincas bieten Führungen an, bei denen man sich über den Kaffeeanbau informieren kann.

GRONINGEN, NIEDERLANDE

28 Excalibur
Der höchste Kletterturm

Es ist ein Charaktermerkmal, das schon im Namen des Landes steckt: Die Niederlande sind flach. Platte Polder, weite Blumenfelder und Wattenmeere prägen das Bild, egal, wohin man schaut. Rund die Hälfte des kleinen westeuropäischen Staates liegt nicht einmal einen Meter über dem Meeresspiegel – ein Viertel sogar darunter. Die höchste Erhebung der Niederlande misst gerade einmal 320 Meter.

Doch die Abwesenheit der Berge hat offenbar in einigen Einwohnern eine Sehnsucht geweckt. Wie andere von exotischen Tropeninseln, träumen sie von den alpinen Bergwelten der Schweiz oder den gigantischen Gipfeln des Himalaya. Sogar einen eigenen Kletterverband gibt es in den Niederlanden. Da verwundert es nicht, dass ausgerechnet hier, im flachsten Land Europas, der höchste künstliche Kletterturm des Kontinents entstanden ist.

Im Kletterzentrum »Bjoeks« in Groningen ragt er 37 Meter in die Luft – das ist in etwa so hoch wie ein zehnstöckiges Gebäude. Bis zu elf Meter Überhang hat er, auch das eine Annäherung an echte alpine Kletterbedingungen. »Excalibur« haben seine Erbauer ihn genannt, in Anlehnung an das berühmte Schwert des mythischen Königs Artus. Denn die Form des Turms erinnert an die im Fels feststeckende Waffe. Das Schwert sollte seinen Besitzer der Legende nach unverwundbar machen und ihm übermenschliche Kräfte verleihen. Vielleicht soll man sich ja so auch beim Klettern in Groningen fühlen. Für Anfänger ist »Excalibur« jedenfalls nichts. Nur erfahrene Sportler dürfen sich an der anspruchsvollen Wand versuchen.

Wer es bis ganz nach oben schafft, darf sogar auf der Plattform des Turms übernachten – natürlich gut gesichert. Das sogenannte Biwakieren in luftiger Höhe ist für die Kletterfans ein ganz besonderes Erlebnis. Nach der Nacht im Freien können sie den Sonnenaufgang genießen – und den Blick über die weite, flache Landschaft der Niederlande.

Adresse Klimcentrum Bjoeks, Bieskemaar 3, 9735 AE Groningen, Niederlande | **Anreise** mit dem Zug bis Groningen, weiter mit dem Bus (Linie 3 und 4) bis P+R Kardinge | **Öffnungszeiten** Mo–Fr 14–23 Uhr, Sa, So 11–23 Uhr | **Tipp** Das Kletterzentrum ist Teil des großen Sportparks Kardinge mit unterschiedlichen Anlagen. Wer nicht klettern will, der kann auch schwimmen, eislaufen, Tennis oder Eishockey spielen.

HAMBURG, DEUTSCHLAND

29 Miniatur Wunderland
Die größte H0-Modelleisenbahnanlage

Es ist eine ganze Welt im Kleinformat: das Miniatur Wunderland in Hamburg. Von der fiktiven deutschen Kleinstadt Knuffingen über den Grand Canyon in den USA oder die Schweizer Alpen bis hin zur Lagunenstadt Venedig in Italien – alles rückt hier eng zusammen. Städte und Landschaften, geschrumpft auf den Maßstab 1:87, liebevoll nachgebaut bis ins letzte Detail.

Durch die kreative Miniaturwelt fahren kreuz und quer mehr als 1.000 Züge. Doch es sind längst nicht nur Modelleisenbahn-Fans, die es in die Hamburger Speicherstadt zieht. Mehr als 260.000 Mini-Figuren bevölkern die kleine Welt, und auf den rund 1.500 Quadratmetern Modellfläche ist eine Vielzahl unterschiedlicher Szenerien entstanden – so bunt wie das echte Leben. Vor einer Mini-Kirche in Mini-Skandinavien wird gerade geheiratet, in einem Hinterhof in Mini-Rom spielen Mini-Mönche Fußball. Ein Stück weiter zieht ein Mini-Mafioso gerade eine Mini-Pistole. Währenddessen eilen mehrere Mini-Feuerwehrwagen zu einem Brand in einem der vielen Mini-Wohnhäuser.

Es sind diese kleinen, phantasievollen Details, die die Besucher begeistern. Und die enorme technische Leistung, die das Leben in der kleinen Welt am Laufen hält. Immerhin gibt es sogar ein Miniatur-Meer, bei dem sich Ebbe und Flut im Sechs-Minuten-Takt abwechseln. Und einen eigenen Modell-Flughafen, auf dem dank ausgetüftelter Technik rund 250 Flugzeuge pro Tag landen. Selbst die Hamburger Elbphilharmonie entstand hier in Rekordzeit. Nur 364 Tage nach Grundsteinlegung konnte das Miniatur-Konzerthaus – noch vor der echten Version – mit einem Mini-Feuerwerk feierlich eröffnet werden.

Die Ideen gehen den Machern und Modellbauern noch lange nicht aus, sie arbeiten an immer neuen Bereichen. Baupläne für die nächsten Jahre gibt es genug, sodass die kleine Welt in Hamburgs Speicherstadt auch in Zukunft immer größer werden wird.

Adresse Kehrwieder 2, 20457 Hamburg, Deutschland | **Anreise** vom Hauptbahnhof mit der Buslinie 6 (Station Speicherstadt), der U 3 (Station Baumwall) oder der S 1 und S 3 (Station Stadthausbrücke) | **Öffnungszeiten** täglich 9.30 – 18 Uhr, an einigen Tagen länger | **Tipp** Die »echte« Elbphilharmonie ist nur 500 Meter vom Miniatur Wunderland entfernt. Wer kein Konzertticket ergattert, kann das Konzerthaus auch im Rahmen einer Führung besichtigen.

30 Hay-on-Wye
Das erste Bücherdorf

Ein wenig klingt es wie eine Geschichte aus einem der vielen Bücher, die sich in Richard Booths Laden bis fast unter die Decke stapeln: Ein Geschäftsmann kommt in ein abgelegenes walisisches Dorf, kauft eine alte Burg und ruft sich selbst zum König aus – und zwar zum Herrscher über das Königreich der Bücher.

Doch das ist keine fiktive Erzählung. Es ist vielmehr genau so geschehen, und zwar in Hay-on-Wye. Der Literaturliebhaber Richard Booth war aus Oxford in das kleine Dorf mitten im Nirgendwo an der Grenze zwischen Wales und England gekommen. 1962 eröffnete er sein erstes Antiquariat, ein paar Jahre später das zweite. Das Geschäft lief gut, und so entstand die Idee für ein ganzes Bücherdorf: einen Ort, an dem sich alles nur um die Liebe zur Literatur drehen sollte. Lastwagenweise schafften geschäftstüchtige Einwohner gebrauchte Bücher in die 1.800-Seelen-Gemeinde. Und Booth ernannte sich zum König des Ganzen. Eine öffentlichkeitswirksame Aktion, die dem Ort jede Menge Aufmerksamkeit und Besucher bescherte.

Eine Zeit lang eröffnete in jedem frei werdenden Geschäft ein Antiquariat. 18 sind es aktuell. Rund 1,5 Millionen Bücher stehen in den Regalen, auf Dachböden und in Kellerlagern zum Verkauf bereit. Die meisten sind gebraucht – Eselsohren und abgewetzte Buchrücken zeugen von ihrem früheren Leben. Oft finden sich beim Stöbern Raritäten, die es anderswo schon längst nicht mehr gibt. Einige Ladenbesitzer haben sich spezialisiert, zum Beispiel auf Kinderbücher, Lyrik, Krimis oder Ratgeber. Zusätzlich gibt es jedes Jahr Ende Mai, Anfang Juni ein Literaturfestival, das auch namhafte Autoren in die walisische Provinz bringt. Zadie Smith oder Salman Rushdie haben hier schon aus ihren Büchern gelesen.

Dass Richard Booth sich einst zum König des ersten Bücherdorfs der Welt krönte, hatte zwar rechtlich keinerlei Folgen. Aber die verrückte Aktion war der Beginn einer ziemlich guten Geschichte.

Adresse Hay-on-Wye, Grafschaft Powys, Wales | **Anreise** Von Cardiff geht es mit dem Zug bis Hereford in England, von dort fahren regelmäßig Busse nach Hay-on-Wye. | **Tipp** An der Mauer der Burg von Hay-on-Wye findet sich mit Regalen unter freiem Himmel ein ganz besonderes Antiquariat: der »Honesty Bookshop«. Hier kosten alle Bücher 1 britisches Pfund. Bezahlt wird über eine Vertrauenskasse, in die man das Geld wirft.

31 Heltermaa–Rohuküla
Die längste Eisstraße

Hier ist Abschnallen Pflicht! So verrückt das klingen mag, aber wer auf Estlands Eisstraßen unterwegs ist, der muss sich mit einigen ungewöhnlichen Verkehrsregeln vertraut machen. Um im Notfall schnell aus dem Wagen zu kommen, ist der sonst obligatorische Sicherheitsgurt ein Hindernis und daher verboten.

Doch dass es zu solchen Notfällen kommt, ist zum Glück selten. Streng wachen die estnischen Behörden über das in Europa einmalige Netz aus Eisstraßen. Sieben dieser eisigen Verkehrsadern gibt es in Estland – sofern der Winter kalt genug ist. Die längste von ihnen ist rund 26 Kilometer lang. Sie verbindet den Ort Heltermaa auf der Ostseeinsel Hiiumaa vor der Küste Estlands mit der Hafenstadt Rohuküla auf dem Festland. Nur wenn es wochenlang friert, wird die Eisstraße freigegeben. Mindestens 25 Zentimeter dick muss die Eisschicht durchgängig sein. Erst dann dürfen die Inselbewohner die Fahrt über die schier endlose weiße Fläche antreten.

Dabei gelten spezielle Regeln. Nur bei Tageslicht werden die Fahrzeuge aufs Eis gelassen und nur im Abstand von ein bis zwei Minuten zueinander. So wird der fragile Untergrund nicht zu stark belastet. Und auch beim Tempo gibt es klare Vorgaben: Erlaubt sind zwischen 10 und 25 Kilometer pro Stunde – oder 40 bis 70. Bei Geschwindigkeiten dazwischen kann es gefährlich werden. Denn dann erzeugen die Autos einen Effekt, der die Eisdecke in Schwingung versetzt. So können Risse entstehen, und das Eis kann im schlimmsten Fall brechen.

Für die Einwohner von Hiiumaa ist die Öffnung der Eisstraße immer ein großes Ereignis – und ein enormer Segen, denn viele von ihnen arbeiten auf dem Festland. Statt der fast eineinhalbstündigen Fährpassage erreichen sie Rohuküla im Auto dann in nur 30 Minuten. Es ist ein besonderes Erlebnis, die zugefrorene Ostsee so zu überqueren. Und ein eindrucksvoller Anblick, der schon am nächsten Tag bei Tauwetter vorbei sein kann.

Adresse Heltermaa, Insel Hiiumaa, Estland | **Anreise** Von Tallinn erreicht man die Insel Hiiumaa mit dem Flugzeug oder per Bus und Fähre. Von Heltermaa kann man über die Eisstraße zurück zum Festland fahren. | **Tipp** Sobald die Ostsee zugefroren ist, kann man vor Hiiumaa Eissegler beobachten. Der Sport hat Tradition in Estland. Mit bis zu 100 Stundenkilometern rasen sie vom Wind angetrieben auf Kufen über das Eis.

32 Kirchturm Suurhusen
Der schiefste Turm

Ein bisschen albern sieht es schon aus, wie sich die Touristen verrenken, um ein witziges Urlaubsfoto zu ergattern. In seltsamen Posen verharren sie vor dem Schiefen Turm von Pisa, damit es so aussieht, als würden sie ihn stützen. In der italienischen Stadt hat man sich an diesen Anblick längst gewöhnt. Der Turm ist ihr Wahrzeichen. Rund vier Grad neigt er sich zur Seite.

In der kleinen ostfriesischen Gemeinde Hinte kann man darüber nur milde lächeln. Denn hier, im äußersten nordwestlichen Zipfel Deutschlands, steht ein Turm, der den italienischen Konkurrenten locker in den Schatten stellt. Der Kirchturm Suurhusen bringt es auf stolze 5,19 Grad Schieflage. Damit ist er tatsächlich der schiefste Turm der Welt, verbrieft sogar durch das Guinnessbuch der Rekorde. Bei gut 27 Metern Höhe neigt er sich fast zweieinhalb Meter zur Seite.

Dabei stand der Bau jahrhundertelang kerzengerade und bot den Einwohnern in unmittelbarer Nähe der Nordsee Zuflucht vor unzähligen Sturmfluten. Der gut 2.000 Tonnen schwere Turm war ein Fels in der Brandung. Erst im 19. Jahrhundert begannen sich die schweren Eichenbohlen im Fundament langsam zu zersetzen. Das morsche Material gab unter der Last des Turms immer mehr nach. Der Kirchturm sank schließlich langsam, aber sicher seitlich ab. 1970 musste das Gotteshaus wegen Einsturzgefahr geschlossen werden. Doch die Suurhusener wollten ihren schiefen Turm retten. Mit großem Einsatz wurde das Gebäude saniert. Elf Stützen aus Stahlbeton wurden tief in der Erde verankert, um das Fundament zu stabilisieren. So können heute wieder Gottesdienste unter der schiefen Kirchturmspitze abgehalten werden.

Zwar hat das Guinness-Zertifikat dem ostfriesischen Turm viele Besucher beschert. Die riesigen Touristenscharen wie in Pisa gibt es in Suurhusen aber bisher nicht. Das hat sein Gutes: So hat man den Weltrekordler mit etwas Glück ganz für sich allein.

Adresse Am schiefen Turm 39, 26759 Hinte, Deutschland | **Anreise** von Bremen mit dem Zug bis Emden, weiter mit dem Bus (Linien 410, 480) bis zur Station Suurhusen Kirche | **Öffnungszeiten** Führungen Di, Mi, Fr, Sa 10–12 und 15.30–18 Uhr (April–Okt.) sowie nach Vereinbarung, mehr Informationen unter: www.kirche-suurhusen.de | **Tipp** An wichtigen religiösen Feiertagen gibt es Gottesdienste in der Kirche. An ausgewählten Terminen spielt zudem die Kirchenband »Schieflage«.

33 Hum
Die kleinste Stadt

Der Legende nach sollen es Riesen gewesen sein, die die Stadt auf einem Hügel in Istrien erbauten. Nachdem die Giganten im nahe gelegenen Mirna-Tal zahlreiche stattliche Orte errichtet hatten, waren nur noch wenige Steine übrig. Daher beschlossen sie, eine Miniaturstadt zu bauen. So soll Hum entstanden sein. Eine Stadt, nicht größer als ein Dorf, auf einer Fläche von etwa einem halben Fußballfeld. Aber mit Kirchturm, Stadtmauer und Rathaus.

Im Sommer ist Hochsaison in Hum. Dann übertrifft die Zahl der Touristen, die jeden Tag durch die verwinkelten Gassen schlendern, die der Einwohner um ein Vielfaches. Denn gerade einmal 28 Menschen nennen den kleinen Ort im Westen Kroatiens ihr Zuhause. Dass Hum überhaupt als Stadt gilt, ist ein Relikt des Mittelalters. Denn damals wurde dem Ort als wirtschaftlichem und kulturellem Zentrum das Stadtrecht verliehen.

Seitdem scheint sich Hum in vielerlei Hinsicht kaum verändert zu haben. Mit seiner festungsartigen Stadtmauer und den historischen Steinhäusern wirkt der Ort wie die Kulisse für einen Ritterfilm. Noch bis ins frühe 20. Jahrhundert wurde hier die Glagoliza, eine slawische Schrift aus dem frühen Mittelalter, verwendet. Bis heute sind an vielen Mauern in Hum glagolitische Zeichen zu sehen. Und auch die alljährliche Wahl des Bürgermeisters läuft recht altertümlich ab. Die Bürger wählen ihren Kandidaten, indem sie eine Kerbe in ein Holzstück schnitzen. Wer am Ende wortwörtlich am meisten auf dem Kerbholz hat, erhält das Ehrenamt für das nächste Jahr.

Noch ein Stück älter als diese Tradition ist vermutlich das Rezept für den typischen Mistelschnaps »Biska«, der im einzigen Gasthaus von Hum ausgeschenkt wird. Schon die Kelten sollen ihn wegen seiner Heilkräfte geschätzt haben. Angeblich wurde der Tresterbrand in Hum erfunden. Vielleicht ist es aber auch nur eine weitere Legende, die die kleinste Stadt Europas zu einer großen Attraktion macht.

Adresse 52425 Hum, Istrien, Kroatien | **Anreise** per Zug oder Flugzeug bis Rijeka, weiter mit dem Mietwagen (circa eine Stunde Fahrt) | **Tipp** Nördlich von Hum liegt der Ort Roč. Von dort erstreckt sich die Glagolitische Allee bis nach Hum. Sie wird von zehn steinernen Denkmälern gesäumt, die an die Entwicklung der historischen Sprache Glagoliza erinnern. Das Stadttor von Hum bildet die elfte und letzte Station.

IALOVENI, REPUBLIK MOLDAU

34 Mileștii Mici
Der größte Weinkeller

Dass man ein Auto braucht, um einen Weinkeller zu erkunden, passiert wohl selbst den erfahrensten Weinkennern selten. Doch auf dem Gut Mileștii Mici, knapp 20 Kilometer südlich der moldawischen Hauptstadt Chișinău, ist das Alltag. Denn das unterirdische Weinlager ist so weitläufig, dass man ohne motorisiertes Gefährt nur einen winzigen Teil zu sehen bekäme.

Von außen kaum zu erahnen, erstrecken sich die tunnelartigen Gänge des Weinkellers über insgesamt 200 Kilometer. Gut ein Viertel wird derzeit genutzt. Mit dem Auto geht es durch das schier endlose unterirdische Labyrinth aus Fässern und Tanks. Im Scheinwerferlicht sind Straßenschilder zu erkennen. Damit man sich besser zurechtfindet, wurden die Wege nach Rebsorten benannt.

Die Weinkeller von Mileștii Mici sind in einer ehemaligen Kalksteinmine entstanden. Die Luftfeuchtigkeit im Inneren liegt bei 85 bis 95 Prozent, die Temperatur bei stabilen zwölf bis 14 Grad Celsius. Wohlhabende Privatkunden aus aller Welt mieten sich hier ein, um ihren Wein unter diesen idealen Bedingungen zu lagern. Der größte Stolz der moldawischen Winzer ist aber die eigene »Goldene Kollektion« des Weinguts: mehr als 1,5 Millionen Weinflaschen unterschiedlicher Sorten, die in rund 80 Metern Tiefe lagern. Die ältesten stammen aus dem Jahr 1969. Nicht wenige der verstaubten Flaschen in den Regalen sind wertvolle Raritäten. Es ist die größte bestehende Weinsammlung der Welt.

Dass ausgerechnet die kleine Republik Moldau zu einem Ort der Superlative in Sachen Wein werden konnte, ist kein Zufall. Der Weinbau hat in der ehemaligen Sowjetrepublik Tradition, die Böden sind fruchtbar, das Klima ist mild. Das winzige Land hat mehr Rebflächen als alle deutschen Weinbaugebiete zusammen. Auch rund um Mileștii Mici wird seit eh und je Wein produziert. Bis der größte Weinkeller Europas jedoch an seine Grenzen kommt, wird es wohl noch eine ganze Weile dauern.

Adresse 6819 Ialoveni, Republik Moldau | **Anreise** Von der moldawischen Hauptstadt Chișinău ist das Weingut rund 30 Minuten mit dem Auto entfernt. | **Öffnungszeiten** Mo–Fr 9–17 Uhr, So geschlossen, Führungen müssen vorab gebucht werden | **Tipp** Wer an einer Weinverkostung teilnehmen will, sollte sich für den Transport zurück nach Chișinău ein Taxi organisieren, denn in der Republik Moldau gilt die 0,0-Promille-Grenze.

IBIZA, SPANIEN

35_ Sublimotion
Das teuerste Restaurant

Gediegene Atmosphäre, edle Tischdecken und Kerzenlicht, im Hintergrund läuft leise etwas klassische Musik – all das erwartet man normalerweise von einem Dinner in einem teuren Restaurant. Aber all das gibt es im Sublimotion auf Ibiza nicht. Dabei stellt es preislich jedes noch so noble Sternerestaurant in den Schatten: 1.650 Euro pro Person kostet das Menü. Wovon manche einen ganzen Urlaub bezahlen, das legt man hier an einem einzigen Abend auf den Tisch.

Und trotzdem sind die Plätze meist weit im Voraus ausgebucht. Denn was im Sublimotion serviert wird, ist mehr als nur Essen. Das Konzept des Restaurants, das im Hard Rock Hotel auf der spanischen Ferieninsel untergebracht ist, ist äußerst ungewöhnlich. Es ist eine Mischung aus kulinarischem Erlebnis, Kunst und interaktiver Show. Am einzigen Tisch des Restaurants haben maximal zwölf Gäste Platz. Jeder der 20 Gänge des Abends ist bis ins Detail durchkomponiert: mit passenden Geräuschen, aufwändigen Projektionen an den Wänden oder virtuellen Elementen, die die Gäste per Virtual-Reality-Brille erleben. Kommen zum Beispiel Fisch und Meeresfrüchte auf den Tisch, verwandelt sich der Raum in eine Art Unterwasserwelt. Sind Pilze die Hauptzutat für einen Gang, sitzen die Gäste plötzlich inmitten der Illusion eines Herbstwaldes. Sogar die Gerüche und die Luftfeuchtigkeit im Raum werden an das jeweilige Gericht angepasst.

Ein Erlebnis für alle Sinne sollte es werden – so die Idee von Küchenchef und Initiator Paco Roncero. Für die Umsetzung hat sich der Zwei-Sterne-Koch neben einigen Top-Köchen auch einen Filmregisseur, einen Komponisten und einen Illusionskünstler ins Team geholt. Aus dem Zusammenspiel aller Elemente entsteht das Menü als Gesamtkunstwerk. Geöffnet ist das Restaurant jedoch nur im Sommer. Den Rest des Jahres tüfteln die Macher bereits an neuen verblüffenden Konzepten für die nächste Saison.

Adresse Ctra. Playa d'en Bossa s/n, Sant Jordi de ses Salines, 07817 Ibiza, Spanien | **Anreise** Das Restaurant ist Teil des Hard Rock Hotels und liegt nur wenige Kilometer von der Inselhauptstadt entfernt am beliebten Strand Playa d'en Bossa. | **Öffnungszeiten** Juni–Sept. täglich 21 Uhr, Buchung nötig | **Tipp** Playa d'en Bossa gilt als *der* Partystrand auf Ibiza. Wer nach dem Restaurantbesuch immer noch Geld übrig hat, der kann es in einem der vielen Nachtclubs loswerden.

IDAR-OBERSTEIN, DEUTSCHLAND

36 — Steinkaulenberg
Die einzige Edelsteinmine

Das große Diamantenfieber ist längst vorbei in Idar-Oberstein. Und dennoch glitzert und funkelt es überall. Die Stadt im Südwesten Deutschlands steht ganz im Zeichen der Edelsteine. Und das, obwohl hier seit rund 150 Jahren nicht mehr kommerziell geschürft wird. Trotzdem floriert der Handel mit den Juwelen bis heute. Schmuckgeschäfte säumen die Straßen der 30.000-Einwohner-Stadt. Auch das Handwerk des Edelsteinschleifens wird in Idar-Oberstein noch in einigen Werkstätten praktiziert. Und: Hier gibt es die einzige für Besucher geöffnete Edelsteinmine Europas.

Rund 400 Jahre lang wurde in den Minen des Steinkaulenbergs nach Achaten, Amethysten und Bergkristallen gegraben. Mit Hammer und Meißel schlugen die Männer das wertvolle Gestein aus dem harten Fels. Die Blütezeit des Schürfens in Idar-Oberstein lag im 17. und 18. Jahrhundert. Dann wurde die Ausbeute immer geringer, die Mine wurde geschlossen. Die Edelsteinverarbeitung aber blieb. Vor allem aus Südamerika wurden Smaragde und Diamanten importiert und im Anschluss veredelt.

Seit rund 40 Jahren können sich Touristen nun in die Zeit des Edelsteinabbaus zurückversetzen lassen. Im Besucherstollen der ehemaligen Mine erfahren sie alles über die Entstehung der kostbaren Kristalle. Deren Ursprung liegt vor rund 270 Millionen Jahren, als es in der Region noch starke vulkanische Aktivitäten gab. Beim Abkühlen heißer Lava bildeten sich Luftblasen. In diesen entwickelten sich dann durch das Eindringen von Säuren und Schwefelverbindungen über Jahrmillionen hinweg die Edelsteinkristalle.

An den Wänden des Schaubergwerks glitzern auch heute noch Quarze und Bergkristalle, von Scheinwerfern wirkungsvoll angestrahlt. Und wer will, kann auf den ehemaligen Abraumhalden des Bergwerks selbst sein Glück versuchen. Das ein oder andere kostbare Stück reiste so schon als ganz besonderes Souvenir von Idar-Oberstein aus mit in die Heimat der Besucher.

Adresse Im Stäbel, 55743 Idar-Oberstein, Deutschland | **Anreise** Von Frankfurt am Main erreicht man Idar-Oberstein mit dem Zug. Vom Bahnhof geht es mit dem Bus 330 oder 332 bis Mackenrodter Weg nahe der Edelsteinmine. | **Öffnungszeiten** täglich 10–17 Uhr (15. März–30. Nov.) | **Tipp** Im Deutschen Edelsteinmuseum von Idar-Oberstein sind mehr als 10.000 wertvolle Objekte ausgestellt. Es liegt direkt gegenüber der Edelsteinbörse, dem wichtigsten Handelsplatz der Stadt.

37 Kapalı Çarşı
Der größte Basar

Wie eine Stadt in der Stadt wirkt er. 21 Eingangstore führen in den Kapalı Çarşı, den »bedeckten Markt« von Istanbul. Innen herrscht ein endloses Gewirr aus Stimmen und Gerüchen, Menschen und Waren. An vielen Ecken liegt der Duft von Nelken, Zimt und Kardamom in der Luft. Mehr als 3.600 Geschäfte drängen sich dicht an dicht in den 65 Gassen und Straßen des Basars. Von Teppichen oder Lederwaren über Gewürze und Tees bis hin zu kunstvoll verzierten Lampen und Schmuck: Hier gibt es so ziemlich alles, was das Herz des Käufers begehren könnte.

Der Kapalı Çarşı liegt im historischen Istanbuler Stadtteil Eminönü, nicht weit von der berühmten Hagia Sophia. Bis Mitte des 15. Jahrhunderts war sie die größte Kirche des Christentums. Als Sultan Mehmet II. das damalige Konstantinopel eroberte, machte er sie zur Hauptmoschee der Metropole am Bosporus. Ganz in der Nähe ließ er in den darauffolgenden Jahren den Basar errichten. Ursprünglich war der Markt aus Holz gebaut, erst nach mehreren Bränden ersetzte man das Material durch Stein. Die markante Architektur beeindruckt – neben der Warenvielfalt – bis heute die Besucher. Bunt bemalte Steinbögen spannen sich über das farbenfrohe Chaos des Markttreibens. Unter den gewölbten Dächern findet man neben Geschäften und Restaurants auch Moscheen, Marmorbrunnen und Hamams.

Es ist gar nicht so einfach, sich im Gewirr der Gassen nicht zu verlieren. Auch wenn die meisten Straßen nach dem jeweiligen Gewerbe benannt sind, dessen Produkte angeboten werden. Wer den Kapalı Çarşı zum ersten Mal besucht, sollte sich daher mit einer Karte bewaffnen. Das Wichtigste, was man mitbringen muss, ist jedoch die Fähigkeit zum Feilschen. Denn eins hat sich im Laufe der vielen Jahrhunderte seiner Existenz nicht verändert: Der Preis wird geduldig verhandelt. Ein Ritual, das zum Kapalı Çarşı gehört wie die Hagia Sophia zu Istanbul.

Adresse Kalpakçılar Caddesi, Beyazıt, 34126 Istanbul, Türkei | **Anreise** Vom Bahnhof Marmaray Sirkeci İstasyonu mit der Tram T1 bis zur Station Beyazıt. Von dort ist der Kapalı Çarşı gut zu Fuß zu erreichen. | **Öffnungszeiten** Mo–Sa 8.30–19 Uhr | **Tipp** Wer es noch exotischer mag, sollte dem nur zehn Gehminuten entfernten Mısır Çarşısı, dem Ägyptischen Basar, einen Besuch abstatten. Hier gibt es vor allem Tees und Gewürze, die mit leuchtenden Farben und intensiven Düften Kundschaft anlocken.

JÖKULSÁRGLJÚFUR-NATIONALPARK, ISLAND

38 Dettifoss
Der stärkste Wasserfall

Schon aus einiger Entfernung kann man das Tosen des Wassers hören. Wie ein Güterzug, der in der Ferne vorbeirast. Wolken winziger Wassertropfen steigen über dem Abgrund auf und legen sich wie Nebelschwaden über die Landschaft. Je näher man kommt, desto lauter und feuchter wird es. Der Dettifoss ist der mächtigste Wasserfall Europas. Mehr als 190 Kubikmeter Wasser pro Sekunde stürzen auf einer Breite von rund 100 Metern ungebändigt in die Tiefe. Ein eindrucksvoller Beleg für die Kraft der Natur, mitten im rauen Nordosten Islands.

Der Dettifoss steht wie ein Sinnbild für diese Region der Insel, die noch immer weitgehend unberührt und dünn besiedelt ist. Hier kann man die wilde Schönheit Islands noch nahezu unverfälscht erleben. Der Fluss Jökulsá á Fjöllum bahnt sich seinen Weg durch diese schroffe Landschaft. Er speist sich aus Islands größtem Gletscher, dem Vatnajökull. Im Schmelzwasser treiben Steine und Geröll und verleihen dem Fluss eine bedrohlich dunkle Farbe. Rund 30 Kilometer bevor er den Arktischen Ozean erreicht, ergießt sich der Jökulsá á Fjöllum in eine fast 45 Meter tiefe Schlucht und formt den Dettifoss – den »herabstürzenden Wasserfall«. Ein schmaler Fußweg führt bis zur Abbruchkante. Von dort kann man, umhüllt von der Gischt des Dettifoss, die graubraunen Wassermassen in die Tiefe rauschen sehen, bevor sie ihren Weg weiter durch die Jökulsárgljúfur-Schlucht in Richtung Grönlandsee nehmen.

Auch Hollywood-Regisseure haben die Landschaft rund um den mächtigen Wasserfall bereits als Kulisse für sich entdeckt. So drehte etwa Ridley Scott hier die Eröffnungsszene für seinen Science-Fiction-Film »Prometheus«. Und auch Tom Cruise stand hier schon für das postapokalyptische Spektakel »Oblivion« vor der Kamera. Wo sonst könnte man das Ende der Welt so bildgewaltig inszenieren wie hier: mitten in der ursprünglichen Natur am äußersten Rand Islands.

Adresse Jökulsárgljúfur-Nationalpark, Island | **Anreise** Von Reykjavík sind es mit dem Auto circa sieben Stunden Fahrt zum Dettifoss. Von Akureyri, der größten Stadt im Norden Islands, dauert es rund zwei Stunden. | **Tipp** Vom Dettifoss erreicht man zu Fuß entlang des Jökulsá á Fjöllum zwei weitere Wasserfälle. Einen Kilometer flussaufwärts liegt der Selfoss, zwei Kilometer unterhalb der Hafragilsfoss. Beide sind weniger gewaltig, aber ebenfalls sehenswert.

JUKKASJÄRVI, SCHWEDEN

39 Icehotel
Das älteste Eishotel

Wer seinen Urlaub am liebsten in warmen Gefilden unter Palmen verbringt, für den ist ein Besuch im Icehotel wohl nicht gerade die erste Wahl. Doch wer die Angst vor dem Frieren überwindet, der wird mit einem einmaligen Naturerlebnis belohnt. Rund 200 Kilometer nördlich des Polarkreises übernachten die Besucher dieses Hotels im schwedischen Ort Jukkasjärvi inmitten von Eis und Schnee.

Alles begann 1989 mit einer Eiskunstausstellung. Ein großes Iglu entstand als Ausstellungsort für die kalten Kreationen. Kurze Zeit später wollten die ersten Gäste in dem eisigen Ambiente übernachten. Die Idee für ein Eishotel war geboren. Das Projekt wurde immer größer, aber der künstlerische Ansatz blieb. So ist das Icehotel heute nicht nur das älteste seiner Art, sondern auch eine riesige Kunstgalerie. Jeder Raum steht unter einem Motto. Künstler aus aller Welt verwandeln die frostigen Schlafgemächer in aufwändig gestaltete Suiten mit Eisskulpturen und anderen kreativen Details – und das jeden Winter aufs Neue.

Im November, wenn die Temperaturen in Jukkasjärvi immer tiefer sinken, beginnt die Arbeit. Das »Baumaterial« für das ungewöhnliche Hotel stammt aus dem zugefrorenen Fluss Torne. Der liefert die tonnenschweren Blöcke aus Eis für die Konstruktion. Vermischt mit Schnee werden daraus dann Wände, Betten und Skulpturen. Neben den eigentlichen Hotelzimmern entstehen so auch eine Hotellobby, eine Bar und eine Kirche. Wie in einem klassischen Iglu tragen sich die kuppelförmigen Strukturen selbst.

Die dicken Wände aus Eis und Schnee isolieren die Räume. Selbst wenn die Temperaturen draußen auf bis zu minus 30 Grad Celsius sinken, bleibt es innen bei minus fünf – immerhin. Um die Nacht in eiskalter Umgebung gut zu überstehen, erhalten die Besucher besonders warme Schlafsäcke. Und wem dann noch immer kalt ist, für den gibt es das Hausrezept zum Aufwärmen: einen Becher heißen, wohltuenden Preiselbeersaft.

Adresse Marknadsvägen 63, 98191 Jukkasjärvi, Schweden | **Anreise** mit dem Zug oder Flugzeug bis Kiruna, von dort zum Hotel mit dem Bus, Taxi oder Hundeschlitten | **Öffnungszeiten** Dez.–April. Inzwischen gibt es mit dem Icehotel 365 einen Ableger, der das ganze Jahr über geöffnet hat. Über Solarpanels auf dem Dach wird die Energie gewonnen, um das Eishotel auch im Sommer auf minus fünf Grad Celsius zu kühlen. | **Tipp** Nordlichter beobachten in der Nähe von Jukkasjärvi – am besten bei einer Tour mit dem Schneemobil.

40 Júzcar
Das einzige blaue Dorf

Die »pueblos blancos«, die weißen Dörfer im Hinterland Andalusiens, kennt man. Sie zählen zu den beliebtesten Sehenswürdigkeiten der Region im Süden Spaniens. Auch Júzcar war bis vor einigen Jahren noch ein solches weißes Dorf. Viele Touristen verliefen sich jedoch nicht hierher. Die 230-Seelen-Gemeinde im Hinterland der Provinz Málaga war lange Zeit ein verschlafenes Bergdorf.

Doch 2011 änderte sich alles – denn plötzlich erstrahlte der gesamte Ort in leuchtendem Himmelblau. Der Grund dafür war eine Werbeaktion. Für die Premiere des neuen 3-D-Kinofilms »Die Schlümpfe« verwandelte sich Júzcar kurzerhand in ein lebensechtes Schlumpfhausen. Dank 9.000 Litern Farbe und vieler helfender Hände wurde Fassade um Fassade blau gestrichen. Jedes Wohnhaus, jedes Geschäft, sogar das Rathaus, die Kirche und der Friedhof bekamen ein neues schlumpfblaues Antlitz. Die Aktion war ein voller Erfolg. Zum Premierenfest kamen jede Menge Besucher nach Júzcar.

Sechs Monate später sollte das Dorf eigentlich wieder in seinen Ausgangszustand zurückversetzt werden. Doch die Bewohner hatten sich an die neue Farbe und die unverhoffte Aufmerksamkeit gewöhnt. Bei einer Abstimmung entschied sich daher die Mehrheit dafür, das Blau zu behalten. Seitdem ist Júzcar als Schlumpfdorf bekannt. Viele Hauswände sind liebevoll mit Schlumpf-Motiven dekoriert, man kann sich mit einem überlebensgroßen Papa Schlumpf fotografieren lassen oder den blauen Markt besuchen. Vor allem am Wochenende gibt es zusätzliche Aktionen wie Schminkstände oder Bastelstunden – natürlich alles perfekt abgestimmt auf das Universum der zipfelbemützten Zwerge.

Ihren ersten Auftritt hatten die Comicfiguren des belgischen Zeichners Peyo übrigens schon 1958. Der hätte sich sicher nicht träumen lassen, dass es mehr als 60 Jahre später mitten in Andalusien tatsächlich ein echtes Schlumpfhausen geben würde.

Adresse Júzcar, Provinz Málaga, Spanien | **Anreise** Das Dorf ist am besten mit dem Auto zu erreichen (circa 60 Kilometer von Marbella entfernt). Der nächstgelegene Flughafen ist Málaga. | **Tipp** Die beste Aussicht auf das blaue Dorf hat man vom Mirador de la Torrichela.

41 Kalmückien
Die einzige buddhistische Region

Eindrucksvoll und glänzend steht sie da, die neun Meter hohe Buddhastatue. Der Duft von Räucherstäbchen liegt in der Luft, im Hintergrund hört man das beständige Murmeln der Mönche beim Rezitieren ihrer Mantras. Wer im Goldenen Tempel von Elista eine Zeremonie erlebt, glaubt sich mit Sicherheit nicht mehr in Europa. Und doch hat man den Kontinent noch nicht verlassen.

Elista ist die Hauptstadt Kalmückiens. Die autonome Teilrepublik Russlands liegt zwischen Kaukasus und Kaspischem Meer in der südrussischen Steppe und gehört geografisch zu Europa. Es ist die einzige buddhistisch geprägte Region – ein Stück Asien auf dem europäischen Kontinent. Vor rund 400 Jahren kamen die Kalmücken als Nomaden hierher. Das mongolische Volk brachte seinen Glauben aus Asien mit – und behielt ihn bis heute, auch wenn das im Laufe der Geschichte nicht immer einfach war. Unter Stalin wurde die Republik 1943 aufgelöst, Geistliche wurden verfolgt und die Tempel zerstört. Das gesamte Volk der Kalmücken wurde nach Sibirien deportiert und durfte erst nach Ende des Stalinismus in die Region zurückkehren. Seit dem Zerfall der Sowjetunion 1990 floriert der Buddhismus wieder in Kalmückien. Vor allem in der Hauptstadt Elista gibt es überall Tempel, Pagoden und religiöse Statuen.

Rund 160.000 der knapp 300.000 Kalmücken sind Buddhisten. Ihr geistliches Zentrum ist der Goldene Tempel, der 2005 eröffnet wurde. Der Dalai Lama persönlich hat bei einem Besuch den Standort für das Glaubenszentrum ausgewählt. Im Tempel steht die mit neun Metern höchste Buddhastatue Europas. Und er beherbergt ein Museum, in dem die buddhistischen Traditionen der Kalmücken beleuchtet werden. Die gesamte Tempelanlage steht allen Besuchern offen. So können auch Nichtbuddhisten die Gebetsmühlen drehen und versuchen, dem Sinn des Lebens – Glück und Zufriedenheit – ein Stück näher zu kommen.

Adresse Republik Kalmückien, Russland | **Anreise** mit dem Flugzeug über Moskau nach Elista | **Tipp** Zum Schachspielen abends auf den zentralen Lenin-Platz in Elista gehen. Schach ist der Nationalsport der Kalmücken. An vielen Orten gibt es öffentliche Großschachbretter, auf denen gemeinsam gespielt wird.

42 Pyramidenkogel
Der höchste Holzaussichtsturm

Mondäne Villen und kleine Schlösser schmiegen sich ans Ufer des türkisfarbenen Wörthersees. Die Architektur des ausgehenden 19. und beginnenden 20. Jahrhunderts prägt die Region, eingebettet in die saftig grüne Landschaft des österreichischen Bundeslandes Kärnten. Mittendrin, am Südufer des Wörthersees, ragt der rund 850 Meter hohe Berg Pyramidenkogel mit seinem Aussichtsturm auf.

Fast schon wie ein Fremdkörper inmitten all der lieblichen Natur wirkt die futuristische Konstruktion aus Holz und Stahl. 16 Lärchenholz-Stützen schrauben sich ellipsenförmig in den Himmel. Sie bilden den äußeren Mantel des ungewöhnlichen Turms. Im Inneren sorgen Diagonalstreben aus Stahl für Stabilität. 100 Meter misst der Bau vom Boden bis zur Spitze. Drei Aussichtsplattformen gibt es für die Besucher. Die höchste liegt auf gut 70 Metern. Das reicht allemal für einen einmaligen Ausblick. Bei gutem Wetter kann man im Süden schon die Berge des Nachbarlandes Slowenien erkennen, im Norden leuchtet der Wörthersee.

Den Weitblick von hier konnte man schon 1950 genießen. In dem Jahr entstand der erste Holzaussichtsturm auf dem Pyramidenkogel. Knapp 20 Jahre hielt er den Witterungsbedingungen stand. Sein Nachfolger wurde aus Stahlbeton gebaut. Doch auch dieser Turm verfiel und musste gesprengt werden. 2012 folgte der moderne Neubau mit seiner auffälligen Architektur.

Wer bis zur höchsten Plattform will, muss genau 441 Stufen bewältigen – oder nimmt den Panoramalift. Für den Rückweg gibt es für Mutige eine Alternative. Denn aus halber Höhe führt eine Rutsche nach unten. Mit bis zu 25 Kilometern pro Stunde geht es durch die geschlossene Röhre spiralförmig abwärts. Während der Sommersaison kann man zudem über eine Seilbahn in die Tiefe sausen. Doch egal, für welchen Weg man sich entscheidet: Unten angekommen geht es für alle Besucher zurück durch die bewaldeten Hügel Kärntens in Richtung Wörthersee.

Adresse Pyramidenkogel, Linden 62, 9074 Keutschach am See, Österreich | **Anreise** mit dem Zug bis Klagenfurt, weiter mit dem Bus 5310 oder 5316 bis Reifnitz, dann mit Linie 5314 zum Pyramidenkogel | **Öffnungszeiten** variieren je nach Jahreszeit, mehr Informationen unter www.pyramidenkogel.info | **Tipp** Bei einer Schifffahrt auf dem Wörthersee die Landschaft genießen. Von der Anlegestelle in Reifnitz erreicht man den Pyramidenkogel zu Fuß in circa eineinhalb Stunden.

KIEW, UKRAINE

43 Arsenalna
Die tiefste U-Bahn-Station

Ein bisschen Geduld muss man schon mitbringen. Rund fünf Minuten lang geht es abwärts, bevor man den Bahnsteig der Metrostation Arsenalna erreicht. Rund 105 Meter unter der Oberfläche liegt er – so tief, dass die Rolltreppe geteilt werden musste. In zwei Abschnitten führt sie die Fahrgäste in die Tiefe zur U-Bahn-Linie 1 der ukrainischen Hauptstadt.

Pläne für eine Metro in Kiew gab es bereits Ende des 19. Jahrhunderts. Aber es dauerte bis 1960, bis der erste Streckenabschnitt eröffnet werden konnte. Die Station Arsenalna gehörte dazu. Weil die Haltestelle auf einer Hügelgruppe liegt, musste man hier besonders weit in die Tiefe bohren. Die sandigen Böden Kiews und der wasserreiche Fluss Dnepr, der die Stadt durchquert, wurden zur Herausforderung für die Baumeister. Während der Bauarbeiten wurde die Erde zum Teil künstlich vereist, um sie für die Bohrungen zu stabilisieren. Elf Jahre dauerte es, bis die 5,4 Kilometer lange erste Metrostrecke der Stadt fertig war.

Heute ist das Streckennetz der Kiewer U-Bahn rund 70 Kilometer lang und umfasst 52 Stationen. Drei von ihnen, darunter Arsenalna, gelten als Baudenkmäler. Ihre Architektur spiegelt den Stil des sozialistischen Klassizismus: repräsentativ, wuchtig und prunkvoll. »Paläste der Arbeiterklasse« sollten die U-Bahnhöfe der damaligen Sowjetrepublik sein. So auch die Station Arsenalna, erbaut in der Nähe des strategisch wichtigen Arsenalwerks in Kiew.

Zehntausende Arbeiter waren hier nach dem Zweiten Weltkrieg mit der Herstellung optischer Geräte beschäftigt – unter anderem für das Militär und die sowjetische Raumfahrt. Nach Feierabend wurden sie beim Betreten der Metrostation von einer eindrucksvollen Kuppelhalle empfangen, an den Wänden Marmor und roter Granit. Die Kiewer Metro galt damals als Symbol des Fortschritts. Heute ist sie auf jeden Fall eine der bekanntesten Sehenswürdigkeiten der ukrainischen Hauptstadt.

Adresse Ivana Mazepy St., Kiew, 0200 Ukraine | **Anreise** Vom Hauptbahnhof gibt es eine direkte Verbindung mit der Metrolinie 1 zur Station Arsenalna. | **Öffnungszeiten** täglich 6–24 Uhr | **Tipp** Vom U-Bahnhof erreicht man in wenigen Minuten zu Fuß den Mariinsky-Park. Vom Park aus kann man einen Blick auf den eindrucksvollen Marienpalast, die offizielle Residenz des ukrainischen Präsidenten, werfen.

KLAMPENBORG, DÄNEMARK

44 Dyrehavsbakken
Der älteste Vergnügungspark

Unaufhörlich hört man das hölzerne Rattern, wenn sich die »Rutschebanen« bis auf rund 20 Meter nach oben kämpft. Dann geht es rasant bergab. Auf immerhin 75 Kilometer pro Stunde schafft es die alte Dame aus dem Jahr 1932. Die »Rutschebanen« ist eine der ältesten Holzachterbahnen der Welt – und eine der Hauptattraktionen im Vergnügungspark Dyrehavsbakken nördlich von Kopenhagen.

Der »Bakken«, wie die Einheimischen ihn meist nennen, ist zwar nicht ganz so bekannt wie der Tivoli im Herzen der dänischen Hauptstadt, aber er ist um einiges älter. Und genau das macht seine Atmosphäre aus. Viele der Fahrgeschäfte und Buden verströmen einen nostalgischen Charme. Hier gibt es keine Neon-Leuchtreklamen und keine Verkaufsstände großer Ketten. Freie Schausteller und unabhängige Geschäftsleute betreiben die meisten Attraktionen – und das hat mit der Entstehungsgeschichte des Parks zu tun.

1583 wurde im Wald nahe der Stadt Kopenhagen eine Wasserquelle entdeckt, der man schon bald heilende Kräfte nachsagte. Viele Menschen pilgerten dorthin. Der Besucherstrom zog im Laufe der Zeit auch Verkäufer an, die Getränke und Speisen anboten. Ihnen folgten die Gaukler, die auf ein paar Münzen für ihre dargebotenen Künste hofften. Schon bald sorgten Akrobaten, Schauspieler und Bärenbezwinger für ein buntes Unterhaltungsprogramm. Das Areal wurde zum beliebten Ausflugsziel der Kopenhagener. Die Schausteller schlossen sich schließlich zu einem Verbund zusammen, der in Grundzügen bis heute besteht.

Natürlich gibt es im »Bakken« heute neben den historischen Fahrgeschäften auch moderne Attraktionen. Wilde Fahrten in sich drehenden Gondeln, ein 5-D-Kino oder ein Fahrsimulator sorgen für typisches Freizeitparkflair. Doch über allem schwebt der Geist der alten Zeit. Und spätestens wenn man in die hölzerne »Rutschebanen« einsteigt, begibt man sich auch auf eine kleine Reise in eine andere Ära.

Adresse Dyrehavevej 61, 2930 Klampenborg, Dänemark | **Anreise** Vom Zentrum Kopenhagens erreicht man den Freizeitpark mit der S-Bahn (Station Klampenborg). | **Öffnungszeiten** Mitte April–Mitte Sept. täglich ab 13 Uhr, zusätzliche Öffnungszeiten in den dänischen Herbstferien und an den Adventswochenenden | **Tipp** Der »Bakken« liegt umgeben von Wald im königlichen Park »Jægersborg Dyrehave«. Vom S-Bahnhof Klampenborg kann man Kutschfahrten durch den Park unternehmen.

45 Skiresort Kopaonik
Die längste künstliche Skipiste

Eigentlich kann man sich in Kopaonik nicht über zu wenig Touristen beschweren. Das älteste und größte Skigebiet Serbiens ist bei Einheimischen und Besuchern vom Balkan und aus Russland außerordentlich beliebt. Die sanften Berge des Kopaonik-Massivs liegen ganz im Süden des Landes. Selbst während des Kosovo-Konflikts, als in der gesamten Region Krieg herrschte, waren die Hotels hier ausgebucht, und die Skilifte summten munter weiter.

In den vergangenen Jahren hat Kopaonik noch einmal einen Boom erlebt. Edle Hotels und moderne Sessellifte sind aus dem Boden geschossen wie Pilze. An den Talstationen bilden sich regelmäßig Schlangen von Skifahrern und Snowboardern, die die 55 Pistenkilometer erkunden wollen. Als »St. Moritz Serbiens« wird der Ort auf rund 1.700 Metern Höhe daher oft auch bezeichnet. Vielleicht hat man gerade wegen dieser Beliebtheit beschlossen, die Skisaison über den Winter hinaus zu verlängern.

Auf einer künstlichen Piste kann man hier seit Kurzem nämlich auch dann noch die Berge hinabfahren, wenn die Hügel ringsherum schon in saftigem Grün leuchten. 800 Meter lang ist die artifizielle Strecke, die rund 115 Meter Höhenunterschied überwindet. Möglich machen dies Matten aus synthetischem Material. Die sogenannten »Dry Slopes« haben eine spezielle Oberfläche, über die Skier ähnlich gut gleiten wie über echten Schnee. Dunkelgrün mit signalroten Rändern bilden sie einen ungewöhnlichen Anblick inmitten der serbischen Berglandschaft. Mindestens zehn Jahre sollen die Kunststoff-Pisten halten, dann werden sie recycelt.

Und so kann man jetzt in Kopaonik im Hochsommer Menschen in T-Shirts und kurzen Hosen sehen, die sich, ausgestattet mit Skiern und Helmen, in Richtung Berg aufmachen. Für eingefleischte Wintersportfans ist diese Art von Abfahrt vielleicht nichts, aber für manche Besucher in der warmen Jahreszeit sicher eine willkommene sportliche Abwechslung.

Adresse 36354 Kopaonik, Serbien | **Anreise** Von Belgrad kommt man mit dem Auto oder Bus in knapp vier Stunden nach Kopaonik. | **Tipp** Der serbische Top-Tennisspieler Novak Đoković stammt aus der Nähe von Kopaonik und hat hier das Skifahren gelernt. Mit ein bisschen Glück entdeckt man den Spitzensportler auf der Piste oder beim Aprés-Ski.

KRETA, GRIECHENLAND

46 Strand von Vai

Der größte natürliche Palmenhain

Wie eine Fata Morgana tauchen sie plötzlich auf: die Palmen von Vai. Zuerst vereinzelt, dann werden es immer mehr. Kilometerlang ist man zuvor am östlichen Ende Kretas durch staubige Hügel und karge Ebenen gefahren. Kein Baum weit und breit. Nur hier und da ein paar niedrige Sträucher, die den frei herumlaufenden Ziegen als Nahrung dienen. Dann, kurz bevor man die Küste der größten griechischen Insel erreicht, beginnt mit dem Palmenwald unerwartet eine grüne Oase.

Die Straße führt durch den Palmenhain hinunter bis zum Strand. In einer Bucht öffnet sich der Blick auf das türkisblaue Meer. Kleine Felseninseln ragen aus dem klaren Wasser. Davor ein heller Sand- und Kiesstrand, gesäumt von Palmen. Da kommt, mitten in Europa, Südsee-Feeling auf. Mehr als 5.000 Dattelpalmen sorgen dafür, dass sich die mediterrane Landschaft in einen Karibik-Traum verwandelt. Es ist der größte natürlich gewachsene Palmenhain Europas. Kein Wunder, dass er selbst in Werbespots schon als Double für tropische Gefilde diente.

Lange glaubte man, es seien Piraten gewesen, die die Palmen nach Kreta brachten. Nach ihren Beutezügen sollen sie sich hier versteckt haben. Aus den Kernen der Datteln, die sie achtlos wegwarfen, wuchs demnach der Palmenwald. Heute gilt diese Geschichte zwar als widerlegt, aber egal, wie er entstanden ist: Der Strand von Vai mit seinem Palmenhain ist ein touristisches Highlight auf Kreta. Schon in den 1970er Jahren kamen jede Menge Rucksacktouristen hierher. Heute wird die Bucht vor allem von Familien und Selfie-Touristen bevölkert.

Damit die natürliche Schönheit von Vai erhalten bleibt, ist ein großer Teil des rund 20 Hektar großen Palmenwaldes inzwischen durch einen Zaun abgetrennt und steht unter Naturschutz. So wollen die kretischen Behörden sicherstellen, dass Besucher auch in ein paar Jahrzehnten noch karibisches Flair mitten in Europa erleben können.

Adresse Epar.Od. Monis Toplous, Vai, 72300 Kreta, Griechenland | **Anreise** mit dem Flugzeug bis Sitia, von dort weiter mit dem Auto oder Bus zum Strand von Vai (knapp 25 Kilometer) | **Tipp** Rechts vom Strand führt ein Weg in etwa zehn Minuten zu Fuß zu einer Aussichtsplattform. Von hier hat man einen Panoramablick über den Strand und den Palmenhain.

47 La Gomera

Der einzige Ort mit einer Pfeifsprache als Schulfach

La Gomera ist die zweitkleinste der Kanarischen Inseln. Gerade einmal 22 Kilometer lang und 25 Kilometer breit ist das vulkanische Eiland, das wie alle Kanaren zu Spanien gehört. Doch wer glaubt, dass man hier schnell von A nach B kommt, hat sich getäuscht. La Gomera ist von hohen Bergen und tiefen Schluchten geprägt. Unzählige Serpentinen winden sich durch die zerklüftete Landschaft der Insel.

Da verwundert es nicht, dass sich hier eine besondere Kommunikationsform entwickelt hat: die Pfeifsprache »Silbo Gomero«. In Zeiten, in denen Handys oder Festnetztelefone noch in ferner Zukunft lagen, konnte man mit Pfiffen Nachrichten über tiefe Täler hinweg übermitteln und Informationen austauschen. Schon die Ureinwohner der Insel sollen sich so verständigt haben. Und während ähnliche Pfeifsprachen in anderen Regionen Europas inzwischen fast ausgestorben sind, wird die Tradition auf La Gomera lebendig gehalten.

Seit rund 20 Jahren ist »Silbo Gomero« Pflichtfach an allen Schulen der Insel. Und seit 2009 gehört die Sprache zum immateriellen Kulturerbe der UNESCO. Gerade einmal sechs Pfeiftöne umfasst das Kommunikationssystem: vier Konsonanten und zwei Vokale. Einfach ist es aber längst nicht. Rund 4.000 Begriffe kann man damit – je nach Abfolge, Lautstärke und Tonhöhe – abdecken. Die genaue Bedeutung erschließt sich meist durch den Zusammenhang. Bis zu drei Kilometer weit kann man die Pfiffe bei guten Bedingungen hören.

Viele Insulaner nutzen die Sprache bis heute regelmäßig. Anhand des Klangs der Pfiffe können sie sogar ihr Gegenüber identifizieren – denn genau wie die Stimme sind die Pfeiftöne aller Menschen verschieden. »Silbo Gomero« ist ein kulturelles Relikt, das dank des Schulunterrichts auf La Gomera nicht nur eine Vergangenheit, sondern auch eine Zukunft hat.

Adresse La Gomera, Kanarische Inseln, Spanien | **Anreise** Mit dem Flugzeug nach Teneriffa-Süd, weiter mit dem Taxi oder Bus nach Los Cristianos. Von dort geht es mit der Fähre nach La Gomera. | **Tipp** Im Nationalpark Garajonay im Zentrum der Insel gibt es auf dem Aussichtspunkt »Mirador de Igualero« ein Denkmal für den »Silbo Gomero«. Die moderne Skulptur symbolisiert einen pfeifenden Inselbewohner.

LANZAROTE, SPANIEN

48 Museo Atlántico
Das erste Unterwassermuseum

Mit dem Boot geht es vom südlichen Zipfel Lanzarotes in die rund zehn Minuten entfernte Bucht Las Coloradas. Denn hier, vor der Küste der Kanareninsel, befindet sich eine ungewöhnliche Kunstausstellung. In rund 14 Metern Tiefe liegt das »Museo Atlántico«. Fast 300 großformatige Skulpturen sind auf einer Fläche von 2.500 Quadratmetern auf dem Meeresboden installiert. Wer sie sehen will, muss in die Unterwasserwelt des Atlantischen Ozeans abtauchen.

Es ist das Werk eines einzigen Künstlers: Der Brite Jason deCaires Taylor hat den außergewöhnlichen Skulpturenpark seit 2016 erschaffen. Seine Figuren sind nach echten Menschen aus Fleisch und Blut modelliert und lebensgroß. An Land entstehen die tonnenschweren Werke aus pH-neutralem Zement, bevor sie ihren Platz tief unten am Meeresgrund einnehmen.

Die Oberfläche der Skulpturen ist so beschaffen, dass sich auf ihr Korallen und andere Meereslebewesen ansiedeln. Denn dem Künstler geht es auch darum, den durch Menschen und Umwelteinflüsse geschädigten Meeren etwas zurückzugeben. So wird seine Unterwasserkunst im Laufe der Zeit zum künstlichen Riff und damit zum neuen Lebensraum für Fische und andere Meerestiere.

Etwas gespenstisch wirkt es schon, wenn man den reglosen Figuren beim Tauchgang vor Lanzarote begegnet. Ein gesichtsloses Skulpturen-Pärchen macht Selfies. Ein Stück weiter taucht man über ein Schlauchboot hinweg, auf dem Männer, Frauen und Kinder dicht gedrängt sitzen. Das Werk »Floß von Lampedusa« soll zum Nachdenken über das Flüchtlingsdrama im Mittelmeer anregen.

Ohne Tauchschein kann man die Skulpturen zwar nicht bewundern, aber das stört Jason deCaires Taylor wenig. Schließlich ist seine Kunst nicht nur für die Menschen gemacht. Schon jetzt besiedeln Algen und kleine Korallen viele seiner Figuren und verdecken die einst graue Betonoberfläche. Die Natur erobert seine Kunst – und bringt sie damit zur Vollendung.

Adresse 35580 Playa Blanca, Lanzarote, Spanien | **Anreise** Mit dem Flugzeug bis Arrecife, weiter mit dem Mietwagen nach Playa Blanca (rund 30 Kilometer). Dort starten die Tauchtrips zum Museo Atlántico. | **Tipp** Nur wenige Kilometer östlich von Playa Blanca liegen die »Playas de Papagayo«, kleine Buchten mit feinem Sandstrand und türkisfarbenem Wasser.

LA PALMA, SPANIEN

49 — Observatorium Roque de los Muchachos
Das größte Spiegelteleskop

In mehr als 300 Kurven windet sich die schmale Straße hinauf auf rund 2.400 Meter. Der Roque de los Muchachos ist der höchste Berg auf La Palma. Wenn man die Baumgrenze schon längst hinter sich gelassen hat, sieht man sie in der Ferne: Weiß und silbern leuchtend heben sich die kugelförmigen Gebilde von ihrer kargen, felsigen Umgebung ab.

Hier, auf der winzigen Kanareninsel, steht eine der größten Sternwarten der Welt: das Observatorium Roque de los Muchachos. Mehr als ein Dutzend Teleskope sind auf den umliegenden Hügeln verstreut. Einige stehen offen in der Landschaft und wirken wie gigantische Satellitenschüsseln, andere sind unter größeren und kleineren Kuppeln verborgen. Mit ihrer Hilfe beobachten Forscher ferne Planeten und arbeiten daran, die Entstehung des Universums zu verstehen.

Bei geführten Touren erhalten auch Laien einen kleinen Einblick in diese Welt. Die Hauptattraktion für die Besucher: das »Gran Telescopio Canarias«. Mit 10,4 Metern Durchmesser ist es das größte optische Spiegelteleskop Europas. Wenn es dunkel wird, öffnet sich die 45 Meter hohe Kuppel, und das Teleskop beginnt, wertvolle Informationen über weit entfernte Galaxien zu sammeln. Schwarze Löcher und Planeten außerhalb unseres Sonnensystems wurden so bereits entdeckt.

Der Roque de los Muchachos auf La Palma ist der perfekte Standort für das Observatorium. Die spanische Insel liegt mehrere hundert Kilometer vom Festland entfernt im Atlantik, es gibt kaum Industrie und keine Großstädte. Die Lichtverschmutzung ist daher so gering wie an wenigen Orten der Welt. Zudem liegt der Berggipfel meist über den Wolken und erlaubt einen freien Blick nach oben. Beste Voraussetzungen also für Wissenschaftler und Touristen, um den Sternenhimmel in all seiner Schönheit zu beobachten.

Adresse Roque de los Muchachos, 38728 La Palma, Spanien | **Anreise** vom Flughafen La Palma mit dem Auto in Richtung Santa Cruz de La Palma und weiter über die LP-4 zum Roque de los Muchachos (circa 1,5 Stunden) | **Öffnungszeiten** Führungen täglich, vorherige Buchung nötig, mehr Informationen unter www.iac.es | **Tipp** Über die Insel verteilt gibt es ein ganzes Netz »astronomischer Aussichtspunkte«, an denen man das Firmament mit bloßem Auge gut beobachten kann. Erklärungstafeln helfen, die Himmelskörper und Sternbilder zu identifizieren.

50 Liechtenstein

Das einzige Land, das einen Familiennamen trägt

»Hoi metanand!«, lautet die freundliche Begrüßung, wenn man sich auf einem der vielen Wanderwege Liechtensteins begegnet. Egal, ob man sich kennt oder nicht. Dabei ist es in dem kleinen Fürstentum gar nicht so unwahrscheinlich, dass man sich schon einmal begegnet ist. Denn gerade einmal rund 38.000 Menschen leben im viertkleinsten Land Europas. Der Zwergstaat in den Alpen, umgeben von Österreich und der Schweiz, ist nur 25 Kilometer lang und maximal zwölf Kilometer breit.

Seit 1719 existiert das winzige Fürstentum. Seine Geschicke sind eng mit der Familie verbunden, die ihm seinen Namen gab: der Familie von und zu Liechtenstein. Deren Residenz thront auf einer Felsterrasse hoch über der Hauptstadt Vaduz. Doch so abgeschottet die Burganlage aus dem 12. Jahrhundert auf den ersten Blick auch wirkt – die Fürstenfamilie gilt als volksnah und unprätentiös. Nicht selten trifft man sie auf der Straße, es wird gegrüßt und kurz geplaudert. Der adlige Nachwuchs besucht öffentliche Schulen. Und zum alljährlichen Staatsfeiertag im August lädt der Fürst die Bevölkerung zum Umtrunk in den privaten Rosengarten ein. Adel zum Anfassen.

Dass es den meisten Einwohnern finanziell gut geht, trägt sicher zur entspannten Atmosphäre bei. Schließlich gehört Liechtenstein zu den reichsten Staaten der Welt. Die Wirtschaft boomt, es herrscht nahezu Vollbeschäftigung, und als einer von wenigen Staaten weltweit kann Liechtenstein von sich behaupten, schuldenfrei zu sein.

Wer das wohlhabende Fürstentum als Tourist erkunden will, der macht das am besten zu Fuß. Zum Beispiel über den Liechtenstein-Weg. Auf 75 Kilometern führt er durch alle elf Gemeinden des Landes und an vielen wichtigen historischen Stätten vorbei. Wenn man die Wanderroute bewältigt, hat man im Grunde ganz Liechtenstein gesehen – und unterwegs ganz sicher das ein oder andere »Hoi metanand!« zu hören bekommen.

Adresse Liechtenstein | **Anreise** Liechtenstein ist nur über den Landweg zu erreichen, zum Beispiel mit dem Auto von Zürich in der Schweiz (110 Kilometer) oder von Innsbruck in Österreich (170 Kilometer). | **Tipp** Im Museum »Schatzkammer Liechtenstein« in Vaduz sind wertvolle Waffen und Kunstwerke aus der Geschichte des Fürstentums ausgestellt – darunter der Fürstenhut mit seinen 30 großen und 99 kleinen Diamanten.

LILLE, FRANKREICH

51 Braderie de Lille
Der größte Trödelmarkt

Schon ab dem frühen Samstagmorgen füllen sich die Straßen von Lille mit Menschen. Auf Decken, Tischen und an überdachten Ständen haben die Händler ihre Waren ausgebreitet. Um acht Uhr fällt der Startschuss für die Braderie de Lille. Dann beginnt ein Marathon für Antiquitätenfans und Schnäppchenjäger. Einmal im Jahr verwandelt sich die Stadt in Nordfrankreich für ein Wochenende in den größten Trödelmarkt Europas.

Rund 10.000 Händler drängen sich auf insgesamt 100 Kilometern Strecke in der Altstadt von Lille. Alte Möbel, Vintage-Kleidung, wertvolle Gemälde, historischer Schmuck – die Auswahl ist riesig. Die Straßen der Innenstadt sind regelrecht gepflastert mit gebrauchten Gegenständen. Drum herum herrscht Feierstimmung. Es gibt jede Menge kulinarische Spezialitäten, Kunstaktionen und Konzerte.

Mehr als zwei Millionen Besucher zieht es jedes Jahr am ersten Septemberwochenende zum Flohmarkt der Superlative. Und der hat eine lange Tradition. Schon 1127 wurde die »Messe von Lille« erstmals schriftlich erwähnt. Damals hatten die Kammerdiener die Möglichkeit erhalten, einmal im Jahr alte Besitztümer und Kleidungsstücke ihrer wohlhabenden Herren zu verkaufen. Der Gebrauchtwarenmarkt entwickelte sich im Laufe der Zeit zum großen Ereignis. Heute ist es nicht nur ein riesiger Flohmarkt, sondern auch eines der größten Volksfeste Frankreichs.

Woher der Name »Braderie« stammt, ist allerdings nicht geklärt. Eine Vermutung: Er soll sich vom flämischen Wort »braaden« ableiten, was »braten« bedeutet. Das könnte auf die berühmteste Spezialität zurückgehen, die hier an allen Ecken serviert wird: die »Moules-frites«, Miesmuscheln mit Pommes frites. Rund 500 Tonnen Muscheln werden im Laufe des Wochenendes verzehrt. Auf den Bürgersteigen türmen sich die Muschelschalen zu riesigen Bergen. Auch das ist ein Erlebnis, das es nur hier gibt: auf dem größten Trödelmarkt Europas.

Adresse Lille, Hauts-de-France, Frankreich | **Anreise** mit dem Zug bis zum Hauptbahnhof Lille, weiter zu Fuß oder mit der Metro in die Innenstadt | **Tipp** Für alle Sportbegeisterten findet parallel zur »Braderie de Lille« immer am Samstag des Flohmarkt-Wochenendes ein Halbmarathon statt. Er führt vorbei an vielen historischen Gebäuden der Stadt.

LINDESNES, NORWEGEN

52_ Under
Das erste Unterwasserrestaurant

Natürlich ist das Essen exquisit. Aber wer einen Tisch im Under bucht, kommt nicht nur für den kulinarischen Genuss. In Lindesnes, am dünn besiedelten Südzipfel Norwegens, ist ein ganz besonderes Restaurant entstanden. Eines, das Gastronomie, Architektur und Wissenschaft verbindet.

Die Zutaten für viele Gerichte auf der Speisekarte kommen aus der direkten Umgebung des Lokals – denn das Under liegt nahe der Küste *in* der Nordsee. Wie ein Monolith, der versehentlich ins Meer gerutscht ist, ragt der 1.600 Tonnen schwere Bau aus Stahlbeton schräg aus dem Wasser. Nur der kleinste Teil der 34 Meter langen Betonröhre ist vom Strand aus zu sehen. Ein kleiner Steg führt zum Eingang, von dort geht es nach unten zum Gastraum. Mehr als fünf Meter unter dem Meeresspiegel gruppieren sich schlichte Holztische vor der eigentlichen Attraktion des Restaurants: einem 40 Quadratmeter großen Panoramafenster. Wie eine Kinoleinwand beherrscht es den Raum, der in blaugrünes Meereslicht getaucht ist. Durch die Scheibe hat man freien Blick auf die Unterwasserwelt vor der norwegischen Küste. Seealgen und Kelp wiegen sich im Rhythmus der Wellen, mit etwas Glück sieht man größere Fische wie Seelachs oder Dorsch und manchmal sogar Seehunde vorbeischwimmen.

Dieses Fenster zum Meer machen sich auch Wissenschaftler zunutze. Denn das Under ist nicht nur Restaurant, sondern zugleich ein Ort der Forschung. Biologen wollen hier das Verhalten der Meeresbewohner studieren. Und dafür haben sie ideale Bedingungen. Denn das künstliche Licht, das durch das Glas fällt, lockt viele Fische und Plankton an. An der Außenfassade sind zusätzlich Kameras und Messinstrumente angebracht.

So gehen wissenschaftliche Forschung, touristische Attraktion und kulinarischer Genuss im Under Hand in Hand. Das erste Unterwasserrestaurant Europas ist eben ein Ort, der sich auf allen Ebenen ganz dem Meer verschrieben hat.

Adresse Bålyveien 48, 4521 Lindesnes, Norwegen | **Anreise** Lindesnes ist knapp 400 Kilometer von Oslo entfernt. Die Fahrt mit dem Bus dauert rund sieben Stunden. Der nächste Flughafen liegt im 85 Kilometer entfernten Kristiansand. Von dort erreicht man das Restaurant mit dem Auto in knapp anderthalb Stunden. | **Öffnungszeiten** nur abends geöffnet, Tische müssen online reserviert werden: www.under.no | **Tipp** Wenige Kilometer vom Restaurant entfernt steht am südlichsten Punkt Norwegens der »Lyndesnes Fyr«, der älteste Leuchtturm des Landes.

LISSE, NIEDERLANDE

53 Keukenhof
Der größte Blumengarten

Der Keukenhof ist einer der meistfotografierten Orte der Niederlande – und das nicht erst, seit es Instagram gibt. Verständlicherweise, denn wohin man auch schaut: Überall sieht man Blumen in den leuchtendsten Farben. Jedes Frühjahr öffnet der Keukenhof für acht Wochen seine Tore. Millionen von Blütenkelchen bedecken dann weite Teile des 32 Hektar großen Parks.

Noch im 15. Jahrhundert gehörte das Areal einer holländischen Gräfin. »Kuikenduin« – »Küchendüne« – hieß es damals, weil hier die Kräuter für die gräfliche Schlossküche angebaut wurden. Später entstand auf dem Landgut ein eigenes Schloss, und der Garten wurde zur großen Parkanlage im englischen Stil. Bis ein paar niederländische Blumenzwiebelzüchter die Idee hatten, den Ort für eine Ausstellung zu nutzen. 1950 zeigten sie dort erstmals ihre schönsten Frühblüher der Öffentlichkeit. Seitdem hat sich die jährliche Schau zu einer der größten Touristenattraktionen der Niederlande entwickelt.

Mehr als sieben Millionen Blumenzwiebeln finden jedes Jahr ihren Platz zwischen alten Bäumen, Pavillons und kleinen Wasserläufen. Unzählige Narzissen, Hyazinthen, Krokusse und Schwertlilien bilden phantasievolle Muster. Im Mittelpunkt steht aber die Tulpe. In allen erdenklichen Farbvarianten und Formen blüht sie im Keukenhof. Sie gilt als *die* holländische Blume schlechthin, dabei stammt sie eigentlich aus Kleinasien. Vom Hof des türkischen Sultans kam sie im 16. Jahrhundert über Umwege in die Niederlande, wo eine regelrechte Tulpenmanie ausbrach. Der Preis der Zwiebeln überstieg den von Gold zeitweise um ein Vielfaches.

Heute kann man die Vielfalt der Tulpenblüte an keinem anderen Ort der Welt so eindrucksvoll erleben wie auf dem Keukenhof. Doch die Pracht ist vergänglich. Mitte Mai beginnen die Blüten zu verwelken, und der Park schließt. Die Schönheit der Blumen aber wird bewahrt: dank der unzähligen Fotos der Besucher.

Adresse Stationsweg 166A, 2161 AM Lisse, Niederlande | **Anreise** Vom Flughafen Amsterdam gibt es einen Express-Bus direkt zum Keukenhof (circa 30 Minuten). | **Öffnungszeiten** Mitte März–Mitte Mai täglich 8–19.30 Uhr | **Tipp** Zwischen Amsterdam und Lisse gibt es mit der »Royal Flora Holland« die größte Blumenauktionshalle der Welt. Jeden Tag werden rund 40 Millionen Blumen versteigert und in alle Welt verkauft. Auch Besucher können die Auktionen miterleben (Mo–Fr ab 7 Uhr).

LITAUEN / RUSSLAND

54 Kurische Nehrung
Der längste Strand

Lange, einsame Strandspaziergänge kann man nicht mehr an allzu vielen Orten in Europa machen. Zu viele Menschen drängen sich an Adria und Algarve, Costa Brava und Côte d'Azur – gerade in der Hochsaison. Doch es gibt eine Küste, an der man selbst im Sommer die Chance hat, stundenlang durch den Sand zu streifen und doch kaum einer Menschenseele zu begegnen: die Kurische Nehrung. Zum einen ist dieser Zipfel Europas noch längst nicht so touristisch überlaufen wie andere Regionen. Zum anderen gibt es hier einfach jede Menge Platz: Ganze 98 Kilometer lang ist der Strand auf der schmalen Ostsee-Halbinsel.

Russland und Litauen teilen sich die Landzunge, die komplett aus Sand und Wanderdünen besteht. Sie trennt das Kurische Haff von der Ostsee. Die Nehrung misst an ihrer breitesten Stelle knapp 4.000 Meter, an der schmalsten nicht einmal 400. Fast überall kann man das Rauschen der Wellen hören. Schon Thomas Mann soll davon so angetan gewesen sein, dass er sich hier ein Sommerhaus baute. Von den Kuppen der meterhohen Dünen reicht der Blick zum glitzernden Wasser des Haffs auf der einen und zur aufgepeitschten Ostseebrandung auf der anderen Seite.

Entstanden ist die Kurische Nehrung während der letzten Eiszeit. Wo heute riesige Sanddünen das Bild prägen, stand einst dichter Wald. Doch das Holz wurde zum Schiffsbau und für andere Zwecke gebraucht – der Urwald wurde gerodet. So konnte sich der Sand meterhoch auftürmen. Riesige Wanderdünen bildeten sich, die ganze Dörfer unter sich begruben, die dem Wind und dem Sand schutzlos ausgeliefert waren.

Ab den 1870er Jahren wurde die Nehrung wieder intensiv bepflanzt und aufgeforstet, um sie zu stabilisieren – mit Erfolg: Die Dünen hörten auf zu wandern. Heute steht die gesamte Kurische Nehrung unter Naturschutz. Wer die »Sahara des Nordens« besucht, wird vor allem eins finden: Ruhe und Natur pur.

Adresse Litauen / Russland | **Anreise** Von litauischer Seite kann man die Nehrung nur mit der Fähre von Klaipėda aus erreichen. Von russischer Seite verkehren täglich Linienbusse von Kaliningrad zur Kurischen Nehrung. Für den Grenzübertritt vom litauischen in den russischen Teil braucht man ein Visum. | **Tipp** Eine Fahrt mit einem traditionellen Kurenkahn auf dem Haff. Die historischen Segelboote aus Holz wurden früher zum Transport und für den Fischfang eingesetzt.

LOFOTEN, NORWEGEN

55 __ Unstad
Das nördlichste Surferparadies

Als Thor Frantzen und Hans Egil Krane Anfang der 1960er Jahre die ersten Versuche im Wellenreiten in Unstad unternahmen, gab es dort weder Surfbretter noch dicke Neoprenanzüge. Die beiden hatten zuvor als Skipper auf einem Frachtschiff gearbeitet und waren so auch nach Australien gekommen. Am berühmten Bondi Beach hatten sie die Surfer bestaunt und waren völlig begeistert in ihre Heimat Norwegen zurückgekehrt. Wellen gab es dort schließlich auch. Also bauten sie sich aus dem Styropor alter Fischkisten eigene Boards. Gegen die Kälte packten sie sich in dicke Wollpullis und wasserfeste Regenmäntel ein und stürzten sich ins eisige Wasser des Nordmeeres.

Heute sind Surfer in dem winzigen Ort auf der norwegischen Lofoten-Insel Vestvågøy kein seltener Anblick mehr – wenn auch in wesentlich weniger skurriler Montur. Denn hier, mehr als 150 Kilometer nördlich vom Polarkreis, ist ein wahres Surfer-Mekka entstanden. In der kleinen, von hohen Felswänden umgebenen Bucht vor Unstad herrschen beste Bedingungen. Die Wellen sind nicht riesig, aber an vielen Tagen perfekt geformt. Und das hat sich herumgesprochen. Immer mehr Wellenreiter aus aller Welt kommen nach Unstad, um ihre Grenzen auszutesten. Denn zimperlich darf man hier nicht sein. Selbst im Sommer bleibt das Meer empfindlich kalt, im Winter sind die Wassertemperaturen einstellig. Und Schnee kann selbst im Frühjahr oder Herbst fallen. Dass man also mit Blick auf weiße Berge und den schneebedeckten Strand surft, ist keine Seltenheit. Mit viel Glück kann man sogar Polarlichter sehen, während man über die Wellen gleitet.

Mittlerweile gibt es in Unstad daher nicht nur einen Surfshop, sondern auch ein Surfcamp, wo sich selbst Anfänger in die eisigen Fluten wagen. Um eins müssen sie sich immerhin keine Sorgen machen: Gefährliche Haie – wie in Australien oder Hawaii – gibt es in Norwegen nicht.

Adresse Unstadveien, 8360 Unstad, Lofoten, Norwegen | **Anreise** mit dem Flugzeug über Oslo bis Leknes auf Vestvågøy, weiter mit dem Mietwagen (rund 20 Kilometer) | **Tipp** Die beste Zeit für Anfänger sind die Monate Mai bis September, im Winter ist der Wellengang höher und nur für erfahrene Surfer geeignet.

LONDON, ENGLAND

56 British Library
Die Bibliothek mit den meisten Werken

Als »eines der hässlichsten Gebäude der Welt« wurde die British Library im eigenen Parlament einst bezeichnet. Der Neubau in der Nähe der Londoner St Pancras Station stieß bei seiner Eröffnung 1997 nicht gerade auf Gegenliebe. Mit Wehmut erinnerten sich viele an den berühmten Kuppel-Lesesaal im British Museum, wo bis dahin die meisten Werke der Bibliothek untergebracht waren. Karl Marx hatte dort am »Kapital« geschrieben, berühmte Literaten wie Charles Dickens, George Bernard Shaw oder Virginia Woolf waren regelmäßige Gäste.

Doch das Museum war an seine Grenzen geraten. 1973 wurden die British Museum Library und einige andere Häuser zur neuen Nationalbibliothek vereint. Nicht nur Bücher und Zeitschriften, auch Tonaufnahmen, Karten, Datenbanken, Gemälde, Briefmarken und Patente gehören zur Sammlung. Mehr als 170 Millionen Werke sind es insgesamt. Und jeden Tag kommen rund 8.000 neue hinzu. Um Raum für die immense Medienflut zu schaffen, entstand das Gebäude in St Pancras, das heute der Hauptstandort der Bibliothek ist.

Hinter den Mauern des modernen Baus lagern wahre Schätze der Menschheitsgeschichte. Die ältesten Objekte der Sammlung stammen aus der Zeit um 1.600 vor Christus. Zu den kostbarsten zählen zwei Originale der Magna Charta und zwei Gutenberg-Bibeln. Auch das älteste vollständig erhaltene Buch Europas, eine Abschrift des Johannes-Evangeliums aus dem frühen 8. Jahrhundert, nennt die British Library ihr Eigen. Der Katalog umfasst Werke aus nahezu allen Zeiten, Ländern und Sprachen. Viele von ihnen sind extrem wertvoll, wie die Kopien der ersten Shakespeare-Gesamtausgabe oder die Tagebücher von Leonardo da Vinci.

Die Bestände der British Library sind weltweit einzigartig. Und selbst der ungeliebte Neubau ist inzwischen rehabilitiert. 2015 wurde er unter Denkmalschutz gestellt – als eines der jüngsten Gebäude, die diesen Status jemals erhalten haben.

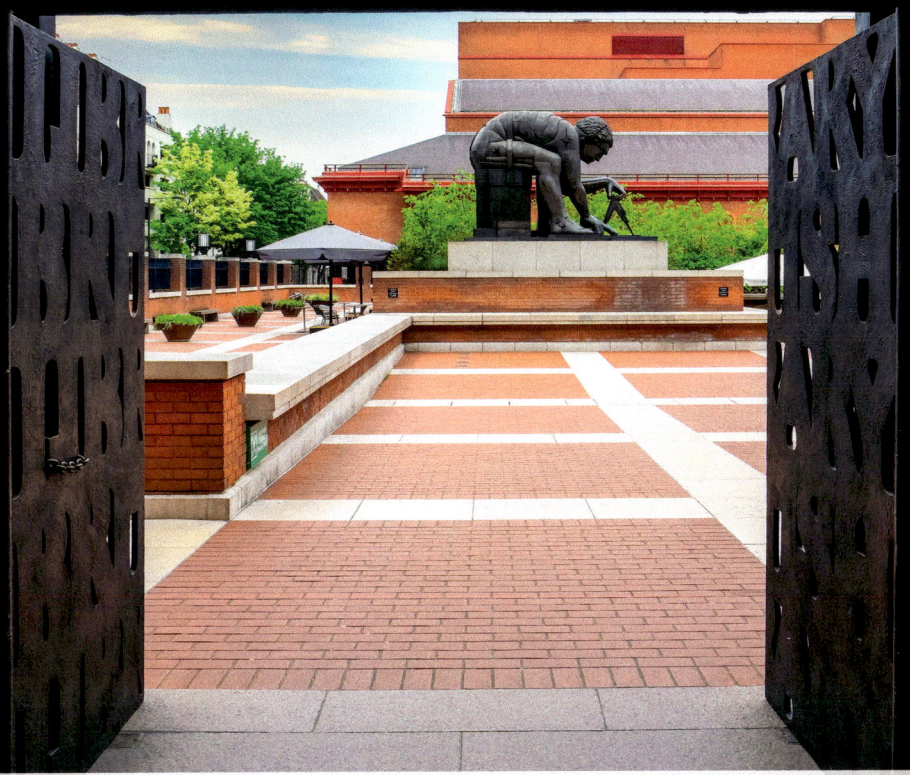

Adresse 96 Euston Road, NW1 2DB London, England | **Anreise** mit der Metro bis King's Cross St Pancras, Euston oder Euston Square | **Öffnungszeiten** Mo–Do 9.30–20 Uhr, Fr 9.30–18 Uhr, Sa 9.30–17 Uhr, So 11–17 Uhr, Informationen zu Öffnungszeiten einzelner Lesesäle unter: www.bl.uk | **Tipp** Die British Library stellt einen Teil ihrer Bestände auch online zur Verfügung. Über die Webseite hat man Zugriff auf rund vier Millionen Werke.

LONDON, ENGLAND

57 London Eye
Das größte Riesenrad

Das London Eye ist der perfekte Rückzugsort inmitten der britischen Hauptstadt. Auf den Straßen der Neun-Millionen-Metropole schieben sich endlose Ströme von Passanten aneinander vorbei, jeder scheint hier in Eile zu sein. Überall Lärm, Autos und Menschen. Für eine Weile kann man diese Welt unter sich lassen. In einer der 32 Gondeln des Riesenrads hebt man wie in einer Raumkapsel ab, abgeschottet vom hektischen Treiben Londons durch eine gläserne Hülle.

Direkt am Ufer der Themse, schräg gegenüber von Big Ben und Westminster Palace, dreht sich das 135 Meter hohe Rad in den Himmel. Entstanden ist es anlässlich des neuen Millenniums. Umgeben von der viktorianischen Architektur im Zentrum der britischen Hauptstadt wirkt es ein wenig wie ein Fremdkörper. 1.700 Tonnen Stahl wurden in der Konstruktion verbaut, die aus der Ferne wie eine überdimensionale Fahrradfelge mit Speichen wirkt. Die Gondeln sind an der Außenseite angebracht. Nichts soll die Aussicht aus den bodentief verglasten Kapseln trüben. Bis zu 800 Gäste gleichzeitig finden in den ellipsenförmigen Gondeln Platz.

Kaum merklich entfernt man sich vom Boden, so langsam dreht sich das Riesenrad. Zuerst sieht man vor allem das Wasser der Themse, dann schwebt man plötzlich auf Augenhöhe mit einigen der bedeutendsten Sehenswürdigkeiten der Stadt. Westminster Abbey und Big Ben scheinen zum Greifen nah, ein Stück weiter erkennt man den Buckingham Palace. Schaut man Richtung Nordosten, kommen Tower und St Paul's Cathedral ins Blickfeld. Bis zu 40 Kilometer weit kann man bei schönem Wetter sehen – und mit etwas Glück sogar Windsor Castle entdecken.

Rund eine halbe Stunde dauert die Stadtbesichtigung aus der Vogelperspektive. Dann endet die kleine Auszeit vom Londoner Trubel. Und es geht hinaus aus der gläsernen Raumkapsel und zurück ins Gedränge und die Hektik der britischen Hauptstadt.

Adresse Westminster Bridge Road, SE 1 7PB London, England | **Anreise** mit der U-Bahn bis Waterloo, Embankment, Charing Cross oder Westminster | **Öffnungszeiten** Mo–Fr 11–18 Uhr, Sa, So 10–20.30 Uhr | **Tipp** Die Architekten des London Eye haben für Brighton im Süden Englands einen modernen Aussichtsturm entworfen. Eine verglaste Aussichtskanzel fährt dort bis auf 138 Meter Höhe. Von oben kann man die Aussicht über den Strand und das britische Seebad genießen.

58 Marienburg
Die größte Backsteinburg

Wie eine Ritterburg aus dem Märchenbuch sieht sie aus: die Marienburg, die auf Polnisch – genau wie die gleichnamige Stadt – Malbork heißt. Dicke Mauern mit Zinnen und Wehrtürmen umschließen die Anlage. Dahinter ragen eindrucksvolle Schlosstürme und Kirchengemäuer empor. Fast erwartet man, dass gleich ein Ritter zu Pferd mit Schild und Lanze die Brücke über den Fluss Nogat vor der Burg überquert.

Die Marienburg, rund 60 Kilometer südöstlich von Danzig, ist ein beeindruckendes Erbe des Mittelalters. Und sie steht für ein Stück deutsch-polnischer Geschichte. Denn es waren deutsche Ordensritter, die die Burg errichteten. Während der Zeit der Kreuzzüge hatten die Ordensbrüder bei den Missionierungsversuchen der christlichen Kirche geholfen. Sie waren durch Osteuropa bis ins Heilige Land gezogen und hatten an vielen Orten Niederlassungen gegründet. So entstand ab 1270 auch die Marienburg als wichtiger Stützpunkt. 1309 verlegte der Hochmeister des Deutschen Ordens seinen Sitz hierher, was die Bedeutung der Burg noch steigerte. Die Festung wurde zum Schloss ausgebaut – zusammengesetzt aus vielen Millionen rötlichen Ziegelsteinen, die der Burg bis heute ihr charakteristisches Aussehen verleihen und sie zum größten Backsteinbau Europas machen.

Bis 1457 war die Marienburg in der Hand des Deutschen Ordens. Dann fiel die Festung an Polen. Die folgenden Jahrhunderte waren wechselvoll und von vielen Kämpfen geprägt. Ihren schwersten Schlag erlitt die Anlage im Zweiten Weltkrieg, als große Teile der Festung zerstört wurden. Es ist dem umfangreichen polnischen Wiederaufbau in den 1960er und 1970er Jahren zu verdanken, dass die Marienburg heute wieder in ihrem ursprünglichen Erscheinungsbild zu besichtigen ist, denn die berühmte Anlage wurde mustergültig rekonstruiert. Seit 1997 gehört sie zum UNESCO-Welterbe – und ist eine der bedeutendsten Sehenswürdigkeiten des Landes.

Adresse Starościńska 1, 82–200 Malbork, Polen | **Anreise** Von Danzig erreicht man Malbork mit dem Regionalzug in einer guten halben Stunde. Vom Bahnhof sind es circa 15 Minuten zu Fuß bis zur Marienburg. | **Öffnungszeiten** täglich 9–20 Uhr (Mai–Sept.), 10–16 Uhr (Okt.–April) | **Tipp** Jedes Jahr im Juli wird die Belagerung der Marienburg durch das polnisch-litauische Heer im Jahr 1410 als großes Freilichtspektakel inszeniert. Ein Mittelaltermarkt und Bogenschützenturniere begleiten das Ereignis.

MARIBOR, SLOWENIEN

59 Stara Trta
Der älteste Rebstock

Ein Kupferstich im Museum »Haus der alten Rebe« zeigt eine Stadtansicht Maribors aus dem Jahr 1657. Schon darauf soll sie zu sehen sein: die Stara Trta, die älteste Weinrebe Europas. Ein grünes Detail im Bild an der Fassade eines mittelalterlichen Hauses, das früher zur Stadtmauer gehörte. Im Stadtviertel Lent rankt sich die Rebe der Sorte »Blauer Kölner« bis heute am linken Ufer der Drau an ebendieser Hauswand entlang. Mehr als 400 Jahre ist sie alt, und noch immer trägt sie jedes Jahr Früchte.

Der Weinbau hat in Maribor Tradition, die hügeligen Weinberge reichen bis an den Rand der slowenischen Stadt. Es gab Zeiten, da waren vor allem die trockenen Weißweine aus der Region über die Grenzen des Landes hinaus bekannt. Dass sich die Stara Trta in Maribor über die Jahrhunderte behaupten konnte, ist ein kleines Wunder. Sie hat nicht nur die Reblaus überlebt, die im 19. Jahrhundert viele europäische Rebstöcke vernichtete. Auch Brände, Belagerungen und Bombenangriffe hat sie unbeschadet überstanden – wohl auch dank der robusten Sorte des Weinstocks. Dass sie tatsächlich ein Methusalem unter den Reben ist, haben Weinexperten 1972 anhand von Proben aus dem Stamm belegt. Unter dem Elektronenmikroskop zählten sie schon damals mehr als 350 Jahresringe.

Heute gedeiht die Pflanze zwischen zwei jüngeren Tochterreben prächtig. Rund 50 Kilogramm Trauben trägt der Weinstock pro Jahr. Daraus werden etwa 30 Liter Wein. Der süßliche Rotwein ist nicht der edelste Tropfen, aber aufgrund seiner Geschichte einzigartig. In eigens entworfenen Flaschen wird er vor allem an prominente Staatsgäste verschenkt. Beim jährlichen Rebschnitt werden außerdem Ableger an Partnerstädte vergeben. So wachsen inzwischen Nachfahren der Stara Trta in mehr als 160 Orten auf der Welt, unter anderem in Paris, im Vatikan und in Prag. Der Fortbestand der ältesten Weinrebe Europas ist also gesichert.

Adresse Vojašniška ulica 8, 2000 Maribor, Slowenien | **Anreise** Von Ljubljana sind es rund 2,5 Stunden mit dem Zug bis Maribor. Vom Bahnhof spaziert man etwa 15 Minuten bis zur Stara Trta. | **Tipp** Jedes Jahr im Herbst feiert Maribor anlässlich der Weinlese der Stara Trta das »Festival der Alten Rebe« mit Weinverkostungen und zahlreichen kulinarischen Spezialitäten Sloweniens.

MEISSEN, DEUTSCHLAND

60 _ Staatliche Porzellan-Manufaktur Meissen
Die älteste Porzellanmanufaktur

Als Porzellanmaler braucht man eine ruhige Hand. Zum Beispiel, um das erfolgreichste aller Dekore auf den Teller oder die Tasse zu bringen: das Zwiebelmuster. In filigranen Strichen, blau auf weißem Grund, wird es in Meißen noch heute stets von Hand gemalt. Schließlich ist die kleine sächsische Stadt nicht nur die Geburtsstätte des berühmten Musters, sondern auch des europäischen Porzellans.

1710 verkündete August der Starke, Kurfürst von Sachsen, die Gründung einer Porzellanmanufaktur. Die Produktionsstätte auf der Albrechtsburg in Meißen wurde zur ersten ihrer Art in Europa. Bis dahin kannte man das edle Material nur aus China, wo Porzellan schon seit vielen Jahrhunderten genutzt wurde. Doch erst Anfang des 18. Jahrhunderts konnte der Alchemist Johann Friedrich Böttger das Geheimnis seiner Herstellung entschlüsseln. Sein Rezept für die Mischung aus weißem Kaolin, Feldspat und Quarz bildete die Grundlage für den späteren Welterfolg der Manufaktur.

Rund 700.000 Modellformen sind im Laufe der mehr als 300-jährigen Geschichte des Unternehmens entstanden. Einige werden auch heute noch für die Produktion genutzt. Nach wie vor wird jedes Stück von Hand geformt, gebrannt und glasiert. Und auch die Farben für die aufwändigen Porzellanmalereien werden im hauseigenen Labor nach alten Rezepten hergestellt.

So wie das Kobaltblau für das Zwiebelmuster. Dass die Zwiebeln ursprünglich gar keine Zwiebeln waren, dürften die wenigsten wissen. Denn auch dieses Muster hatte man sich aus China abgeschaut. Als Motiv waren dort Pfirsiche, Granatäpfel und Fingerzitronen abgebildet – exotische Früchte, die die sächsischen Maler nicht kannten. Ihre stilisierten Früchte erinnerten daher eher an Zwiebeln. Im Rückblick wohl eines der erfolgreichsten Missverständnisse der Weltgeschichte.

Adresse Talstraße 9, 01662 Meißen, Deutschland | **Anreise** Von Dresden erreicht man Meißen mit der S-Bahn-Linie 1 in einer guten halben Stunde. Von der Station Meißen-Triebischtal sind es noch gut 500 Meter zu Fuß. | **Öffnungszeiten** täglich 9–17 Uhr | **Tipp** Während der Führungen kann man in den Schauwerkstätten beobachten, wie das Porzellan bemalt wird. Ab und zu werden auch Kreativ-Workshops angeboten, bei denen Besucher die Grundlagen des Handwerks kennenlernen können.

MONTE-CARLO, MONACO

61 Circuit de Monaco
Der einzige Formel-1-Stadtkurs

Es ist das langsamste Rennen im Formel-1-Kalender – und doch alles andere als langweilig. Im Gegenteil: Der Stadtkurs »Circuit de Monaco« gilt als eine der spektakulärsten und anspruchsvollsten Rennstrecken der Serie. Denn sie führt direkt durch den eng bebauten Stadtstaat Monaco, der vor allem für seine Millionärsdichte international bekannt ist.

1950 wurde an der Côte d'Azur zum ersten Mal ein Formel-1-Grand-Prix ausgetragen. Aus heutiger Sicht ist der Kurs der genaue Gegensatz zu den auf Sicherheit bedachten modernen Rennstrecken. In 78 Runden, jede genau 3,337 Kilometer lang, geht es durch die engen Gassen der Stadtteile Monte-Carlo und La Condamine, oft dicht vorbei an einigen der teuersten Immobilien der Welt. Elf Rechts- und acht Linkskurven schlängeln sich durch die Stadt. Wo sonst die Monegassen mit Tempo 50 unterwegs sind, rasen die Rennpiloten mit bis zu 290 Kilometern pro Stunde entlang. Dabei ist das Überholen auf den engen Straßen fast unmöglich. Auf keinem anderen Kurs sind die Fahrer und ihr Können so gefordert. Und nirgends sonst rächt sich jeder noch so kleine Fehler so unmittelbar. Nicht umsonst gilt ein Sieg in Monaco unter den Piloten als besondere Leistung – und für viele Zuschauer ist das Rennen ein Highlight jeder Formel-1-Saison.

Doch nicht nur die Rennstrecke, auch die Kulisse des Sportevents ist in dem kleinen Fürstentum besonders. Der Grand Prix von Monaco ist mit Abstand die schillerndste Veranstaltung der Formel 1. Im Hafen vor dem Fahrerlager liegen millionenschwere Yachten vor Anker, der Kai wird zum Laufsteg für Stars und Sternchen. Und spätestens am Abend gerät der Rennsport zur Nebensache. Dann wird in den Bars und Restaurants ausschweifend gefeiert.

Formel 1 in Monaco – das ist ein Erlebnis zwischen Adrenalin und Glamour. Eine Mischung, die den »Circuit de Monaco« sowohl für die Rennfahrer als auch die Formel-1-Fans einzigartig macht.

Adresse Boulevard Albert 1er, 98000 Monaco | **Anreise** Vom Bahnhof Monaco Monte-Carlo liegt die Rennstrecke nur wenige Gehminuten entfernt. Termin: Der Große Preis von Monaco wird alljährlich im Mai ausgetragen. | **Tipp** Ein Abend im legendären Casino von Monte-Carlo. Es diente schon als Filmkulisse für die James-Bond-Klassiker »Sag niemals nie« und »GoldenEye«.

MOSKAU, RUSSLAND

62 — Ostankino
Der höchste Fernsehturm

Einen Mangel an Sehenswürdigkeiten gibt es in Moskau wahrlich nicht – vor allem nicht rund um den Roten Platz. Im Herzen der russischen Hauptstadt konzentrieren sich die beliebtesten Attraktionen auf engstem Raum. Zwischen den bunten Zwiebeltürmen der Basilius-Kathedrale, dem berühmten Kaufhaus GUM, dem Lenin-Mausoleum und der roten Kremlmauer machen sich die Besuchermassen beim Selfie-Schießen gegenseitig Konkurrenz.

Etwas abseits vom Trubel, im Norden der Millionenmetropole, ragt ein anderer Blickfang einsam in die Höhe: der Fernsehturm Ostankino, benannt nach dem gleichnamigen Stadtviertel. Eingebettet in das Gelände der »Ausstellung der Errungenschaften der Volkswirtschaft« wirkt er wie ein Vorzeigeprojekt der einstigen Sowjetunion. Wie eine Weltraumrakete kurz vor dem Start reckt er sich in den Himmel. Ein schlanker Schaft auf einem kegelförmigen Fuß, an der Spitze ein Stahlmast als Antennenträger. 540 Meter hoch ist die Konstruktion aus Stahl und Beton. Nach seiner Eröffnung 1967 war der Ostankino sogar das höchste frei stehende Gebäude der Welt. Mehr als 50 Jahre später ist er noch immer das höchste Bauwerk und damit auch der höchste Fernsehturm Europas.

19 Fernsehprogramme und mehr als ein Dutzend Hörfunksignale werden von hier gesendet. Wer den Turm besuchen will, muss sich daher an strenge Sicherheitsvorgaben halten. Drei Hochgeschwindigkeitsaufzüge bringen die Besucher zur Aussichtsplattform auf 337 Metern Höhe. Bei schönem Wetter kann man weite Teile der Mega-City sehen.

Unterhalb der Plattform liegt das Restaurant »Siebter Himmel«. Dank des sich drehenden Bodens hat man beim Kaffeetrinken einen 360-Grad-Rundumblick auf die russische Hauptstadt. Seltsam klein erscheint Moskau von hier oben. Auch den Roten Platz mit seinen markanten Bauten kann man vom Fernsehturm aus sehen – aber eben aus einer ganz neuen, ungewöhnlichen Perspektive.

Adresse Ulitsa Akademika Koroleva 15, 127427 Moskau, Russland | **Anreise** mit der Metrolinie 6 bis WDNCh, weiter mit dem Trolleybus (Linie 36 oder 73) bis Ulitsa Akademika Koroleva, alternativ mit der Monorail (Linie 13) bis Telezentr | **Öffnungszeiten** täglich 10–23 Uhr | **Tipp** Im Park »Ausstellung der Errungenschaften der Volkswirtschaft« mit seinen rund hundert Pavillons bekommt man Einblick in die idealisierte Selbstdarstellung der einstigen UdSSR.

MÜNCHEN, DEUTSCHLAND

63 __ Oktoberfest
Das größte Volksfest

Wenn der Münchner Oberbürgermeister um Punkt zwölf das erste Fass anstricht und es heißt »O'zapft is!«, dann ist das der Startschuss für ein Volksfest der Superlative. Mehr als sechs Millionen Menschen besuchen jedes Jahr zum Oktoberfest auf die Münchner Theresienwiese. Gut zwei Wochen lang wird gefeiert, getanzt, gegessen und getrunken. Und da kommt einiges zusammen: Mehr als sieben Millionen Maß Bier, fast 250.000 Paar Schweinswürste und sage und schreibe eine halbe Million Backhendl gehen über die Theken der Wiesnwirte. Dazu kommen etwa 120 gebratene Ochsen, drei Dutzend Kälber und knapp 80.000 Schweinshaxen. Außerdem natürlich unzählige Brezeln und Lebkuchenherzen.

Doch es geht auch um Traditionen beim Oktoberfest. Entstanden ist es aus einer Feier anlässlich der Hochzeit von Ludwig von Bayern und Prinzessin Therese von Sachsen-Hildburghausen im Jahr 1810. Für die Bevölkerung wurde ein eigenes Fest ausgerichtet, das so gut ankam, dass es von da an jährlich stattfinden sollte. Im Laufe der Zeit gab es immer mehr Schausteller und Fahrgeschäfte. Und die Münchner Brauereien errichteten große Zelte, in denen sie ihr Bier ausschenkten und mit Blaskapellen für Unterhaltung sorgten. Noch im 19. Jahrhundert begannen einige Gastwirte, mit prächtigen Pferdegespannen zu ihren Zelten zu kutschieren. Der daraus entstandene »Einzug der Wiesnwirte« ist heute einer der Höhepunkte des Oktoberfestes. Der Fassanstich ist seit 1950 fester Teil des Programms. Und die klassischen Trachten – Dirndl und Lederhosen – sind *der* Dresscode auf der Wiesn, nicht nur unter bayerischen Besuchern.

Alte Bräuche und lang gepflegte Traditionen, verpackt in einer gut laufenden, modernen Vergnügungsmaschinerie – das ist das Erfolgsrezept des Oktoberfestes. Und das weltweit: Ableger des größten europäischen Volksfestes gibt es inzwischen viele – von Brasilien über China bis hin zum Westjordanland.

Adresse Theresienwiese, Bavariaring, 80336 München, Deutschland | **Anreise** mit der U-Bahn (U 4 oder U 5) bis zur Station Theresienwiese, alternativ mit der U 3 oder U 6 bis Goetheplatz oder Poccistraße | **Öffnungszeiten** Das Oktoberfest beginnt am Samstag nach dem 15. September und dauert gut zwei Wochen. | **Tipp** Ein Besuch auf der »Oiden Wiesn« auf dem Südteil des Festgeländes. Hier geht es gemächlicher zu – mit historischen Fahrgeschäften, klassischen Blasmusikkapellen und nostalgischen Verkaufsständen.

NAZARÉ, PORTUGAL

64_ Praia do Norte
Die größten surfbaren Wellen

Der Ruhm von Nazaré begann 2011. Bis dahin war der kleine Fischerort an der portugiesischen Atlantikküste kaum bekannt. Erst recht nicht in der Surferszene. Doch der damalige Bürgermeister erkannte das Potenzial der enormen Wellen, die jeden Winter vor der Küste von Nazaré ihre Wucht entfalten. Er holte einen der besten Big-Wave-Surfer der Welt nach Portugal – und machte den Ort auf einen Schlag berühmt.

Es war Garrett McNamara, der Nazaré auf die internationale Karte des Wellenreitens brachte. Der US-Amerikaner lebt eigentlich in Hawaii, dem Mekka des Big-Wave-Surfens. Nachdem der Bürgermeister von Nazaré ihn eingeladen hatte, bezwang er hier im November 2011 eine fast 24 Meter hohe Monsterwelle und landete damit im Guinnessbuch der Rekorde. Die seinerzeit »höchste jemals gesurfte Welle der Welt« machte international Schlagzeilen. Seitdem zieht es Profi-Surfer aus aller Welt in den kleinen Ort rund 120 Kilometer nördlich von Lissabon. Hier versuchen sie, sich gegenseitig im Riesenwellen-Reiten zu übertrumpfen. Und die Touristen kommen in Scharen, um das gefährliche Spektakel vom Strand aus mit Ehrfurcht zu beobachten.

Vor allem im Winter, wenn auf dem Atlantik Stürme toben, wachsen die Wellen vor Nazaré auf Hochhausgröße an. Das liegt an einem tiefen Unterwassergraben, der sich rund 300 Meter vor dem Strand abrupt verengt. Der Meeresboden steigt wie eine Stufe an und drückt die enormen Wassermassen nach oben. So entstehen die Giganten, die mehr als 30 Meter hoch werden können und mit enormer Geschwindigkeit auf die Küste zurasen. Sie zu surfen ist lebensgefährlich. Wer stürzt, wird von Hunderten Tonnen Wasser begraben und zum Teil minutenlang unter die Oberfläche gedrückt. Doch leidenschaftliche Surfer wie McNamara schreckt das nicht. Er kommt seit Jahren immer wieder nach Nazaré – immer in der Hoffnung, den Ritt auf einer noch gewaltigeren Welle zu meistern.

Adresse Praia do Norte, 2450–065 Nazaré, Portugal | **Anreise** Von Lissabon fährt man in weniger als zwei Stunden mit dem Auto bis Nazaré. Der Praia do Norte liegt am nördlichen Rand der Stadt. | **Tipp** Ein Besuch im Restaurant »A Celeste« an der Strandpromenade. Das Fischrestaurant ist das Stammlokal von Garrett McNamara. Die Inhaber haben sogar ein Menü mit seinen Lieblingsgerichten im Angebot.

65 Nordirland

Die meisten »Game-of-Thrones«-Drehorte

Schroffe Küsten, historische Burgen und verwunschene Wälder – es ist keine Überraschung, dass die Location-Scouts von »Game of Thrones« in Nordirland eine Vielzahl an Schauplätzen für ihre Fantasy-Saga fanden. Mehr als 30 Orte dienten der Erfolgsserie hier als Kulisse – so viele wie in keinem anderen Land. Die meisten sind für Besucher zugänglich und heute Pilgerstätten für »Game-of-Thrones«-Fans aus aller Welt.

So wie das Schloss Ward in der Grafschaft Down südöstlich von Belfast. Schon für die Pilotfolge verwandelte sich das mittelalterliche Herrenhaus in die Festung Winterfell. Als Familiensitz der Starks wurde das Anwesen zu einem zentralen Ort der Serie. Im Innenhof der Burg können Besucher heute den Seriencharakteren nacheifern und sich im Bogenschießen oder Axtwerfen versuchen – natürlich im stilechten Kostüm. Nicht weit davon entfernt liegt ein anderer berühmter Schauplatz: die alten Bäume und gotischen Steinbögen des Tollymore Forest. Sie boten die perfekte Kulisse für den verfluchten Wald, in dem die Wächter der Nachtwache auf die Weißen Wanderer treffen. Auch die berühmte Szene, in der Ned Stark mit seinen Söhnen die Schattenwölfe entdeckt, wurde hier an einem Bachlauf gedreht. Ein weiteres Highlight für jeden Fan: die Dark Hedges von Ballymoney ganz im Norden des Landes. Die malerische Allee, die von krummen Buchen gesäumt ist, wurde in der zweiten Staffel zum Königsweg, auf dem Arya Stark als Junge verkleidet nach Norden flieht. Nur kurz war der Drehort in der Serie zu sehen. Doch das genügte, um die Buchenallee zu einer der meistfotografierten Sehenswürdigkeiten des Landes zu machen.

Das kleine Nordirland stand touristisch lange im Schatten seines größeren Bruders im Süden der Insel. Der Erfolg von »Game of Thrones« hat der Region einen enormen Schub verliehen. So profitiert die Serie von den Attraktionen Nordirlands – und umgekehrt.

Adresse Nordirland | **Anreise** Von Belfast aus kann man zu einer geführten »Game-of-Thrones«-Tour starten oder die Drehorte auf eigene Faust erkunden. | **Tipp** Wer sich die Filmspots ohne Guide erschließen will, dem hilft die offizielle »Game-of-Thrones«-App der nordirischen Filmförderungsanstalt »Northern Ireland Screen«. Alle öffentlich zugänglichen Locations sind darin auf einer Karte verzeichnet. Dazu gibt es auf Englisch Informationen über deren »Auftritte« in der Serie.

NORDSEEKÜSTE, BELGIEN

66 Kusttram
Die längste Straßenbahnlinie

Kinder in Badesachen, Familienväter, beladen mit Kühltaschen und Sonnenschirmen, und selbst Sportler mit Surfboards drängen sich dicht an dicht in den Wagen der Kusttram. Der Sommer ist die Hochsaison für die längste Straßenbahnlinie Europas. In rund zweieinhalb Stunden fährt sie den gesamten Küstenstreifen Belgiens ab. Von Knokke-Heist im Nordosten des Landes, kurz hinter der niederländischen Grenze, bis nach De Panne im Südwesten, wo man schon fast in Frankreich ist.

67 Stopps macht sie entlang der belgischen Nordseeküste auf 67 Kilometern Strecke. Gemütlich rattert die Schmalspurbahn durch mondäne Seebäder, die sich mit tristen Industriegebieten und schmucklosen Apartmentkomplexen abwechseln. Zwischendurch wird immer wieder der Blick frei auf sanfte Dünen, kleine Wäldchen und die grün-blaue Weite der Nordsee.

Schon 1885 wurde der erste Streckenabschnitt eröffnet. Während der Belle Époque erholte sich vor allem das wohlhabende Bürgertum an der belgischen Küste. Noch heute zeugen Seebäder wie De Haan entlang der Tramstrecke von dieser Zeit. Hier ist selbst das historische Haltestellengebäude erhalten, und viele der alten Villen wurden im Laufe der Jahre liebevoll restauriert.

Weiter südlich erreicht man Oostende, wo schon Karl Marx und Friedrich Engels die Sommerfrische genossen. Kurz hinter der Stadt beginnt der schönste Streckenabschnitt. Hier fährt die Kusttram direkt am Meer entlang. Nur ein schmaler Weg trennt die Schienen vom Sand, die Wellen scheinen zum Greifen nah. Immer breiter wird der Strand in Richtung Frankreich. In Oostduinkerke kann man die letzten Krabbenfischer beobachten, die zu Pferd mit ihren Schleppnetzen am Strand auf Krabbenfang gehen – ein einzigartiger Brauch. Jetzt sind es nur noch wenige Kilometer bis De Panne. Es ist der westlichste Punkt Belgiens und zugleich die Endstation der längsten Straßenbahnlinie Europas.

Adresse Die Kusttram pendelt zwischen Knokke-Heist und De Panne. | **Anreise** Sowohl Knokke als auch De Panne sind von der belgischen Hauptstadt Brüssel gut mit dem Zug zu erreichen. | **Öffnungszeiten** Informationen zu Fahrtzeiten unter: www.delijn.be | **Tipp** Alle drei Jahre entstehen entlang der gesamten belgischen Küste während des Festivals »Beaufort« Installationen von Künstlern aus aller Welt. Viele Kunstwerke sind inzwischen dauerhaft zu sehen und machen den Küstenstreifen zu einer großen Freiluftgalerie.

OBERAMMERGAU, DEUTSCHLAND

67 __ Passionsspiele
Das größte Laientheater

Im echten Leben sind sie Pressesprecher, Hotelier, Schüler oder Holzbildhauerin. In Oberammergau werden sie zu den Stars einer einzigartigen Theaterproduktion. Alle zehn Jahre führen die Einwohner der kleinen oberbayerischen Gemeinde die Passionsspiele auf – als Laientheater von gigantischem Ausmaß. Rund 2.000 Oberammergauer stehen für die Inszenierung der Geschichte des Leidenswegs Christi gemeinsam auf der Bühne – fast die Hälfte des Dorfes.

Es ist eine eigenartige Tradition mit langer Geschichte. Während des Dreißigjährigen Krieges grassierte die Pest in Europa. Auch Oberammergau blieb nicht verschont. Der Schwarze Tod forderte mehr als 80 Menschenleben im Ort. Um den Zorn Gottes von sich abzuwenden, gelobten die Bewohner, fortan alle zehn Jahre das Passionsspiel aufzuführen. Und die Oberammergauer hielten ihr Wort. Seit fast 400 Jahren bringen sie einmal im Jahrzehnt die fünfstündige Aufführung auf die Bühne.

Die Vorbereitungen dafür beginnen schon fast ein Jahr früher: Dann werden die Rollen verteilt. Mitspielen darf nur, wer in Oberammergau geboren ist oder seit mindestens 20 Jahren dort lebt. Vom Kleinkind bis zur Urgroßmutter sind alle Generationen mit Hingabe dabei. Und das, obwohl ihnen eine Rolle bei den Passionsspielen einiges abverlangt. Viele müssen ihre Arbeit während der Proben an den Ablaufplan anpassen oder sie immer wieder für eine Zeit unterbrechen. Zudem gilt ab Aschermittwoch der »Haar- und Barterlass«. Ab dann müssen sich alle Darsteller die Haare – die Männer auch die Bärte – wachsen lassen, damit sie ihre Rollen auch optisch möglichst gut verkörpern.

Fünf Monate lang wird die Inszenierung an jeweils fünf Tagen pro Woche aufgeführt, vor fast einer halben Million Zuschauern aus aller Welt. Es ist ein Kraftakt – für die Schauspieler und das ganze Dorf. Aber auch ein Beleg dafür, was durch Gemeinschaft und Miteinander alles möglich ist.

Adresse Passionswiese 1, 82487 Oberammergau, Deutschland | **Anreise** Von München kommt man mit der Regionalbahn über Murnau nach Oberammergau. | **Öffnungszeiten** alle zehn Jahre mehr als 100 Vorstellungen von Mai–Okt., Mo und Mi spielfrei, mehr Informationen: www.passionsspiele-oberammergau.de | **Tipp** Frühzeitig Karten reservieren. Obwohl rund eine halbe Million Tickets angeboten werden, sind die Vorstellungen oft schon Monate vorher ausverkauft.

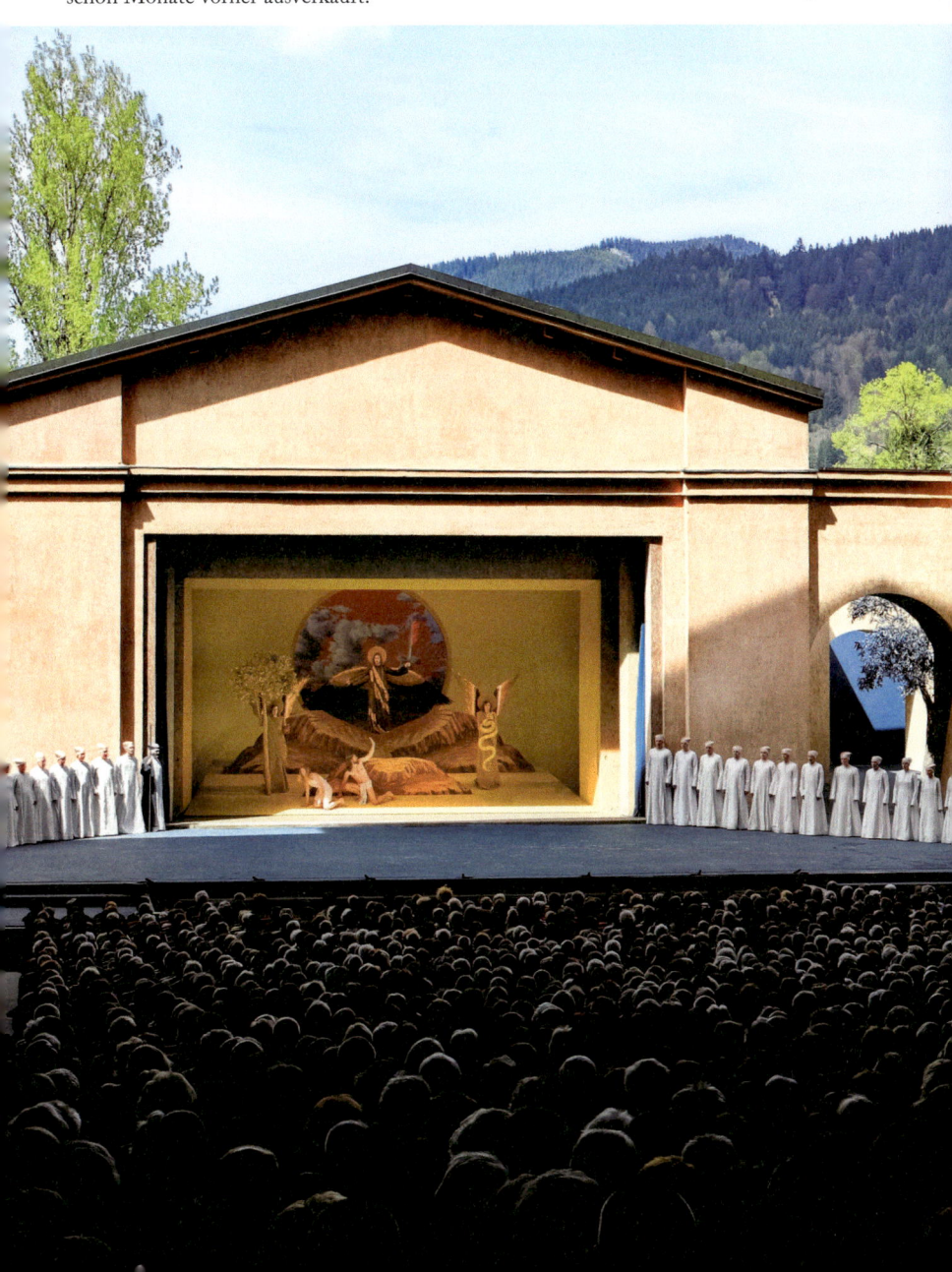

ÓBIDOS, PORTUGAL

68_ The Literary Man
Das Hotel mit der größten Bibliothek

Für viele ist der Urlaub die perfekte Zeit zum Lesen. Endlich findet man die nötige Ruhe, um mal wieder ein gutes Buch in die Hand zu nehmen. Wer allerdings in der portugiesischen Kleinstadt Óbidos im Hotel »The Literary Man« eincheckt, der könnte schnell in Stress geraten. Denn dort wartet auf die Freunde der gepflegten Lektüre eine riesige Bibliothek. Insgesamt 65.000 Bücher stehen zur Auswahl – viel mehr, als selbst die größte Leseratte in einem Urlaub bewältigen könnte.

Das Hotel ist in den alten Gemäuern eines ehemaligen Klosters untergebracht, nur wenige Gehminuten von der berühmten mittelalterlichen Burg von Óbidos entfernt. Seit 2015 steht es ganz im Zeichen der Bücher – und die findet man buchstäblich überall: im Speisesaal, in den Zimmern und Gängen und sogar in der Bar des Hotels. Von Krimis und Bestsellern über Bildbände und Kinderbücher bis hin zu historischen Werken und Fachliteratur. Die meisten Ausgaben sind auf Englisch, aber auch portugiesische, französische und deutsche Titel stehen in den Regalen. Wer ein Buch lesen möchte, nimmt es einfach mit aufs Zimmer oder macht es sich auf dem Sofa vor dem Kamin gemütlich.

Seit einigen Jahren versucht sich Óbidos als »literarische Stadt« zu etablieren. Bücher findet man beim Spaziergang durch die historischen Gassen daher auch an ungewöhnlichen Orten. Etwa in einer Kirche aus dem 12. Jahrhundert, die zur Bibliothek und Buchhandlung umfunktioniert wurde. Oder auf dem Bio-Markt, wo neben Kohlköpfen und Orangen auch Bücher in Obstkisten zum Verkauf angeboten werden.

Das Hotel »The Literary Man« passt sich mit seiner Bibliothek gut in dieses Konzept ein. Wer am Ende seines Aufenthalts ein Buch mitnehmen möchte, kann es kaufen. Doch oft ist es auch umgekehrt: Viele Gäste spenden ihre mitgebrachten Bücher und tragen so dazu bei, dass die Sammlung des Hotels immer größer wird.

Adresse Rua Dom João D'Ornelas, 2510–074 Óbidos, Portugal | **Anreise** Óbidos liegt rund 85 Kilometer von Lissabon entfernt und ist in rund 2,5 Stunden mit dem Zug zu erreichen. Vom Bahnhof ist es etwa eine Viertelstunde zu Fuß zum Hotel. | **Tipp** In der Bar des Hotels kann man den Abend auch ganz literarisch ausklingen lassen. Auf der Karte stehen Cocktails, die von berühmten Schriftstellern oder Büchern inspiriert wurden.

OBLAST LENINGRAD, RUSSLAND

69 Ladogasee
Der größte See

Wenn man am Ufer des Ladogasees steht, sieht man am Horizont oft nichts als Wasser. Der Süßwassersee im Nordwesten Russlands ist einfach gewaltig: 220 Kilometer lang und bis zu 120 Kilometer breit. Ein beeindruckendes Binnenmeer, fast 35-mal so groß wie der Bodensee. Umgeben von zerklüfteten Ufern und ausladenden Waldflächen wirkt es, als sei der größte See des Kontinents weit entfernt von jeglicher Zivilisation – dabei liegt er nicht einmal 50 Kilometer von St. Petersburg entfernt.

Vor allem im Sommer wird der Ladogasee zum beliebten Naherholungsgebiet der Großstädter. Viele haben eine Datscha am See und entfliehen hier dem Trubel der russischen Millionenmetropole. Sie angeln, baden und genießen die lauen Abende mit Blick auf das Wasser und die mehr als 500 Inseln. Wer es aktiver mag, der kann segeln oder beim Wandern in den umliegenden Wäldern Luchse und viele Vogelarten beobachten. Bei einer Kanufahrt bekommt man mit etwas Glück sogar die Ringelrobben zu sehen, die hier im Süßwasser zu Hause sind.

Kulturinteressierte zieht es ans nördliche Ende des Sees zur Insel Walaam mit ihrem orthodoxen Kloster. Schon im 10. Jahrhundert sollen sich die ersten Mönche angesiedelt haben. Nach einer wechselvollen Geschichte und mehrfacher Zerstörung wurde das Kloster wiederaufgebaut und ist heute eine wichtige Pilgerstätte orthodoxer Christen. Die rund 200 Mönche, die auf der Insel leben, sind berühmt für ihre meditativen Gesänge. Im Winter, wenn der See noch nicht vollständig zugefroren ist, sind sie oft monatelang von der Außenwelt abgeschnitten.

Wer aus St. Petersburg an den Ladogasee kommt, der taucht ein in eine andere Welt. Eine Welt, die von der Natur und den Jahreszeiten geprägt ist, in der man Ruhe und Erholung findet. Denn dank seiner enormen Ausmaße findet man fast immer ein Plätzchen, an dem es scheint, als hätte man den größten See Europas ganz für sich allein.

Adresse Oblast Leningrad, Russland | **Anreise** Vom Finnländischen Bahnhof in St. Petersburg geht es mit dem Zug nach Ladoschkoje Osero am südwestlichen Ufer (circa 1,5 Stunden) oder mit der Vorstadtbahn »Elektritschka« nach Priosersk im Nordwesten des Sees (circa 2,5 Stunden). | **Tipp** Den Ladogasee und die Klosterinsel Walaam kann man auch per Schiff erkunden. Die mehrtägigen Touren starten von St. Petersburg.

ORKNEY-INSELN, SCHOTTLAND

70 _ Westray–Papa Westray
Der kürzeste Linienflug

Es dauert wahrscheinlich länger, diesen Text zu lesen, als die kleine Propellermaschine auf ihrem Weg von Westray nach Papa Westray in der Luft ist. Die beiden Inseln des Orkney-Archipels vor der Nordküste Schottlands liegen eng beieinander. Eine Brücke gibt es jedoch nicht, die Fährverbindungen sind unzuverlässig und brauchen viel Zeit. Daher bietet die schottische Fluggesellschaft Loganair fast täglich eine Verbindung zwischen den beiden Eilanden an.

An großen Flughäfen wie London Heathrow ist schon die Startbahn länger als hier die gesamte Strecke. Gerade einmal 2,7 Kilometer liegen zwischen Start- und Landepunkt. Planmäßige Flugzeit: 90 Sekunden. Bei Rückenwind geht es aber noch schneller. Die Rekordzeit für den Ultra-Kurzstreckenflug liegt bei sage und schreibe 47 Sekunden.

Bis zu acht Passagiere finden in den zweimotorigen Flugzeugen Platz. Sitzt man ganz vorn, kann man dem Piloten bequem über die Schulter schauen und die Aussicht aus dem Cockpit genießen – wenngleich nicht besonders lange, denn ehe man sich's versieht, ist man auch schon wieder gelandet.

Auf Westray leben knapp 600 Menschen, auf Papa Westray nicht einmal 100. Für die wenigen Inselbewohner ist die Flugverbindung eine wichtige Lebensader. Viele nutzen sie, um zur Arbeit oder zur Schule zu kommen. Auch für die medizinische Versorgung ist der Linienflug unerlässlich. Aus diesem Grund subventioniert die schottische Regierung die Flüge. Die Preise sind daher erschwinglich.

Schon bald könnte der kürzeste Linienflug Europas mit einem weiteren Rekord von sich reden machen: als erster Elektro-Linienflug des Kontinents. Denn die Airline plant, ihre Maschinen zu E-Flugzeugen umzurüsten. Die kurze Strecke zwischen Westray und Papa Westray wäre jedenfalls ideal, um das batteriebetriebene Fliegen zu testen – Angst davor, dass der Strom nicht ausreicht, müsste man zumindest nicht haben.

Adresse Westray Airport, 1 Sand o'Gill, Westray, Orkney-Inseln KW17 2DN, Schottland | **Anreise** Ausgangspunkt für Besuche der Orkneys ist Kirkwall auf der Insel Mainland. Von dort erreicht man die Inseln Westray oder Papa Westray per Fähre oder Flugzeug. | **Öffnungszeiten** Verbindung Papa Westray nach Westray täglich außer Samstag, in der Gegenrichtung täglich außer Sonntag, mehr Informationen unter: www.loganair.co.uk. | **Tipp** Auf Papa Westray lohnt ein Besuch von »Knap of Howar« – die beiden Gebäude stammen aus der Jungsteinzeit und sind mehr als 5.000 Jahre alt.

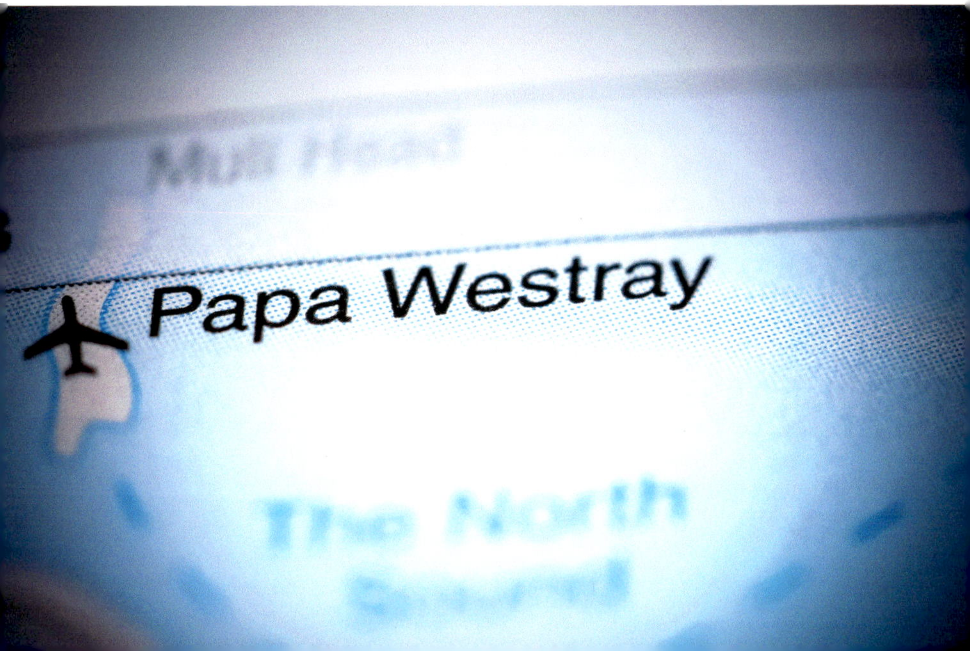

71 Orto Botanico di Padova
Der älteste botanische Garten

Hinter der gläsernen Hülle eines kleinen, achteckigen Gewächshauses verbirgt sich einer der größten Schätze des Botanischen Gartens von Padua: *Chamaerops humilis*, eine Zwergpalme, die hier schon seit fast 450 Jahren steht. Mehrere Stämme wachsen eng beieinander in Richtung Himmel, wo die fächerförmigen Blätter der Palme ein dichtes grünes Dach bilden. Es ist die älteste Pflanze des Gartens – und zugleich die mit der prominentesten Geschichte. Denn schon Johann Wolfgang von Goethe hat sich einst genau dieses Exemplar angesehen. Als der deutsche Dichter die italienische Stadt im Jahr 1786 besuchte, soll ihn die Palme zu seiner Schrift »Versuch die Metamorphose der Pflanzen zu erklären« inspiriert haben. Dass der Baum den berühmten Besucher nun schon um fast 200 Jahre überlebt hat, ist ziemlich beeindruckend.

Die »Goethe-Palme« ist nur eine von rund 3.500 Arten, die heute im Botanischen Garten zu sehen sind. Gegründet wurde er 1545 als medizinischer Garten der Universität von Padua. Die Studenten sollten die Heilkräfte der Pflanzen erforschen und zugleich lernen, die gutartigen von den giftigen Exemplaren zu unterscheiden. Denn pflanzliche Mittel waren zu der Zeit eine wichtige Form der medizinischen Versorgung. Im Laufe der folgenden Jahrhunderte kamen zu den Heilpflanzen auf dem Gelände auch exotische Gewächse hinzu. Der Botanische Garten wurde zum Ort der Artenvielfalt. Heute beherbergt er Pflanzen aus allen erdenklichen Regionen und Klimazonen.

Als älteste Institution ihrer Art wurde die Anlage 1997 von der UNESCO als Welterbe anerkannt. Doch alt heißt längst nicht altbacken. Seit einiger Zeit kann man sich bei seinem Besuch auch per App über einzelne Stationen und Gewächse des Botanischen Gartens informieren. Und vielleicht teilt man am Ende die Einsicht, zu der schon Goethes kam: »Habt Ehrfurcht vor den Pflanzen, denn alles lebt durch sie.«

Adresse Via Orto Botanico 15, 35123 Padua, Italien | **Anreise** Von Venedig sind es mit dem Zug circa 25 Minuten bis Padua. Vom Bahnhof erreicht man den Botanischen Garten mit der Trambahn (Station Santo). | **Öffnungszeiten** täglich 9–19 Uhr (April, Mai), Di–So 9–19 Uhr (Juni–Sept.), 9–18 Uhr (Okt.), 9–17 Uhr (Nov.–März) | **Tipp** Direkt neben der Universität und dem Botanischen Garten liegt der beeindruckende »Prato della Valle«, ein 90.000 Quadratmeter großer Platz mit 78 Statuen und der imposanten Basilika Santa Giustina.

PARIS, FRANKREICH

72 — Le Grand Rex
Der größte Kinosaal

Es war ein kalter Dezembertag im Jahr 1932. Mehr als 3.000 Pariser strömten zum Boulevard Poissonnière im zweiten Arrondissement. Die Männer in eleganten Anzügen, die Frauen in paillettenbesetzten Abendkleidern. Es war der Eröffnungsabend des »Le Grand Rex«. 80 Angestellte in Frack und weißen Handschuhen geleiteten die Gäste ins Innere des neuen Kinos, wo viele aus dem Staunen nicht mehr herauskamen.

Für den Filmproduzenten Jacques Haïk war es ein Kindheitstraum, der in Erfüllung ging. Er hatte das Kino in Anlehnung an die großen amerikanischen Filmpaläste bauen lassen. Mit seiner markanten Art-déco-Fassade und dem riesigen Namenszug ist es schon von außen ein Blickfang. Doch von Anfang an war vor allem der riesige Kinosaal mit seinen 3.300 Plätzen *die* Attraktion. Wie in einem Theater ist der Raum in drei Etagen geteilt: Parkett, Zwischengeschoss und Rang. Italienische Balkone, griechisch-römische Statuen und aufwändige Verzierungen prägen das extravagante Dekor. Und über allem prangt ein tiefblauer Nachthimmel mit unzähligen Sternen – eine Reverenz an die großen Filmstars.

Und die kamen im Laufe der Jahre auch ins »Le Grand Rex«. Schon in der Anfangszeit gab es viele Premierenfeiern, darunter Walter Langs »The Little Princess« mit Shirley Temple in der Hauptrolle. Gary Cooper kam 1957 zur Einweihung der ersten Kino-Rolltreppe nach Paris, und Liz Taylor stellte hier 1963 ihren Film »Cleopatra« vor. Peter Jackson, Quentin Tarantino, Angelina Jolie, Martin Scorsese oder Leonardo DiCaprio – die Liste der Prominenten, die zu Gast waren, ist endlos.

Es ist die besondere Atmosphäre, die die Stars in das »Le Grand Rex« zieht. Mit seinem Ambiente erinnert es an die goldene Ära des Films – eine Zeit, in der dem Kino noch ein Hauch Magie anhaftete. Seit 1981 steht das Gebäude unter Denkmalschutz. Der Filmpalast wird also auch in Zukunft seinen nostalgischen Charme versprühen.

Adresse 1 Boulevard Poissonnière, 75002 Paris, Frankreich | **Anreise** mit der Metrolinie 8 oder 9 bis zur Haltestelle Bonne Nouvelle | **Öffnungszeiten** Besichtigungen sind mit Audioguide oder als geführte Touren möglich: Mi, Sa und So 10–18 Uhr | **Tipp** Im Keller des Kinos kann man im »Rex Club« lange Partynächte erleben. Einst als schickes Tanzcafé mit Livemusik eröffnet, wird heute vor allem elektronische Musik aufgelegt.

PARIS, FRANKREICH

73 Louvre
Das meistbesuchte Museum

Sie ist die wohl begehrteste Frau in Paris: die »Mona Lisa«. Wer die französische Hauptstadt besucht, der hofft auch auf ein Rendezvous mit ihr. Leonardo da Vincis Meisterwerk ist der unangefochtene Star der Sammlung des Louvre – und das, obwohl es sich in hochkarätiger Gesellschaft befindet.

Mehr als eine halbe Million Kunstwerke nennt das Museum sein Eigen. Rund 38.000 davon sind Teil der Ausstellung. Ein Rundgang durch den Louvre gleicht einer Zeitreise zu den Meilensteinen der Kunstgeschichte. Gemälde alter Meister wie Caravaggio, Tizian oder Hieronymus Bosch sind in unmittelbarer Nähe zu antiken Skulpturen – wie der »Nike von Samothrake« oder der »Venus von Milo« – zu sehen. Gemälde, Zeichnungen und Grafiken, aber auch Schmuck und Keramiken: Mehr als 400 Räume sind prall gefüllt mit Kunst verschiedenster Epochen.

Gebaut wurde der Louvre eigentlich als Königspalast. Als Ludwig XIV., der »Sonnenkönig«, 1682 mit seinem Hofstaat nach Versailles umzog, übernahm die Stadt das Gebäude. Im Zuge der französischen Revolution wurde es zum Museum. Heute residiert im Pariser Stadtschloss die Kunst. Und die »Mona Lisa« ist ihre Königin. Aus der ganzen Welt reisen die Menschen an, um sie zu sehen. Rund 9,6 Millionen waren es 2019 – das ist Weltrekord. Bei einem solchen Andrang muss man viel Geduld mitbringen. Bis zu drei Stunden harren die Besucher vor der berühmten Glaspyramide des Louvre aus, bevor sie das Museum betreten können.

Wer es schließlich in den Ausstellungssaal mit der Nummer 711 – ins »Zuhause« der »Mona Lisa« – geschafft hat, der erhascht wahrscheinlich nur einen flüchtigen Blick auf das kleine Gemälde am Ende des Raums. Doch zum Glück ist die rätselhafte Schöne ja nicht das einzig Sehenswerte im Louvre. Wer sein Foto im Kasten hat, kann sich – etwas entspannter – auf die vielen anderen Schätze einlassen, die das meistbesuchte Museum Europas zu bieten hat.

Adresse 99 Rue de Rivoli, 75001 Paris, Frankreich | **Anreise** mit der Metrolinie 1 oder 7 bis zur Station »Palais-Royal Musée du Louvre« | **Öffnungszeiten** Mo, Do, Sa und So 9–18 Uhr, Mi und Fr 9–21.45 Uhr, am ersten Samstag des Monats bei kostenfreiem Eintritt 9–21.45 Uhr | **Tipp** Es gibt drei verschiedene Möglichkeiten, in den Louvre zu gelangen. Meist ist es an den Eingängen über die Porte des Lions oder die Galerie du Carrousel weniger voll als am Haupteingang an der Glaspyramide.

74 Postojnska jama
Die größte Tropfsteinhöhle

Besonders hübsch ist er nicht. Mit seiner blassen, fast durchsichtigen Haut, der aalähnlichen Form und den roten Kiemenbüscheln am Hinterkopf gewinnt der Grottenolm sicher keinen tierischen Schönheitswettbewerb. Gerade einmal 30 Zentimeter groß ist er, kann bis zu 100 Jahre alt werden und kommt jahrelang ohne Nahrung aus. Und sehen kann der Grottenolm nicht mit den Augen, sondern mit seiner lichtempfindlichen Haut. Er ist ein ungewöhnliches Lebewesen – und der berühmteste Bewohner der Höhlen von Postojna. Denn hier, in der slowenischen Provinz, wurde die Geburt eines Grottenolms zum ersten Mal auf Video gebannt.

Daher hoffen viele Besucher auf eine Begegnung mit dem mysteriösen Wesen. Rund 24 Kilometer unterirdischer Gänge bilden das gigantische Höhlensystem im Südwesten Sloweniens. Nur ein Teil ist für Besucher zugänglich. Mit einer kleinen Elektrobahn startet die Erkundungstour. Ist man tief genug ins Innere der Höhle vorgedrungen, geht es zu Fuß weiter. Immer wieder öffnen sich Hohlräume, übersät mit phantasievoll geformten Tropfsteinen. Über Jahrmillionen sind sie gewachsen. »Brillant« heißt eine der markantesten Formationen: Fünf Meter hoch und leuchtend weiß ist sie. Beharrlich laufen die Wassertropfen am Stein entlang und lagern eine glänzende Kalzitschicht an. Ein Stück weiter, im »Roten Saal«, ist das Gestein von Eisenoxid rot gefärbt, im »Weißen Saal« dominiert Kalkstein.

Es ist eine abwechslungsreiche Welt tief unter der Erde. Die Grottenolme bekommen allerdings die wenigsten Besucher zu Gesicht. Zumindest nicht in ihrem natürlichen Lebensraum. Die scheuen Tiere leben zwar in den Höhlenseen, aber die liegen tiefer im Erdinneren. Damit die Touristen dennoch einen Blick auf sie werfen können, gibt es in der Höhle ein Aquarium. So kann man die sonderbaren Wesen doch beobachten – mit etwas Glück vielleicht sogar die Geburt eines kleinen Grottenolms.

Adresse Jamska cesta 30, 6230 Postojna, Slowenien | **Anreise** Von Ljubljana aus fahren Busse direkt zur Höhle (Fahrtzeit: rund eine Stunde), alternativ mit dem Zug bis Postojna und weiter zu Fuß. | **Öffnungszeiten** täglich ab 9 Uhr, geführte Touren von Mai–Okt. stündlich, außerhalb der Saison mehrmals täglich | **Tipp** Ganz in der Nähe liegt mit der Burg Predjama die größte Höhlenburg der Welt. Die Festungsanlage wurde in einen Einlass an einer mehr als 120 Meter hohen Felswand gebaut.

PRAG, TSCHECHISCHE REPUBLIK

75_Orloj
Die älteste astronomische Uhr

Bis heute kursiert in Prag eine finstere Legende. Der Uhrmachermeister Hanuš soll die Rathausuhr Orloj geschaffen haben. Der Erzählung nach waren die Ratsherren von dem Meisterwerk so begeistert, dass sie den Bau einer weiteren solchen Uhr unbedingt verhindern wollten. Daher ließen sie dem armen Uhrmacher angeblich die Augen ausstechen. Doch der rächte sich: Er legte seine Hand ins Uhrwerk, das prompt für 100 Jahre stehen blieb. Zum Glück ist die furchteinflößende Geschichte nicht belegt. Und doch befeuert sie den Mythos um die einzigartige Uhr.

Die Prager Rathausuhr gilt als älteste noch betriebene astronomische Uhr der Welt. Nicht nur die Zeit, sondern auch den Lauf der Sonne, die Mondphasen sowie das aktuelle Sternzeichen kann man an ihr ablesen. Seit gut 600 Jahren ziert sie die Südfassade des Rathauses mitten in der Altstadt. Die ältesten Teile der Uhr stammen aus dem Jahr 1410, darunter das astronomische Zifferblatt. Noch im 15. Jahrhundert kam unterhalb des Zifferblatts ein Kalendarium für die Anzeige der Monate und Tage hinzu.

Besonders beliebt sind heute die beweglichen Figuren, die im Laufe der Zeit ergänzt wurden. Zur vollen Stunde setzen sie sich dank ausgefeilter Technik in Bewegung. Der Tod in Form eines Skeletts zieht an einem Seil und verkündet das Ende der Stunde. Dann öffnen sich die beiden Fenster über der Uhr, und die zwölf Apostel ziehen vorbei – begleitet von Glockenklängen. Zum Schluss kräht ein goldener Hahn und läutet damit den Beginn der neuen Stunde ein. Touristen aus aller Welt versammeln sich regelmäßig auf dem Rathausplatz, um dieses Spektakel zu sehen.

Mehrfach wurde die Uhr in den letzten Jahrhunderten repariert und restauriert. Denn sollte sie zerstört werden, werde die Stadt lange leiden – so besagt es eine weitere tschechische Legende. Aber auch die ist wohl – genau wie die Mär vom Meister Hanuš – nicht so ganz ernst zu nehmen.

Adresse Staroměstské náměstí 1/3, 110 00 Prag, Tschechische Republik | **Anreise** mit der Metro (Linie A) bis zur Station Staroměstská | **Öffnungszeiten** Die Prozession der zwölf Apostel kann man täglich zwischen 9 und 23 Uhr zur vollen Stunde sehen. | **Tipp** Auch das Rathaus selbst kann man besichtigen. Der gotische Bau stammt aus dem 14. Jahrhundert. Vom Rathausturm hat man eine gute Sicht auf die Stadt.

RAMFJORDBOTN, NORWEGEN

76 — Tromsø Golfklubb
Der nördlichste 18-Loch-Golfplatz

In Tromsø gebe es neun Monate Winter und drei Monate schlechte Skibedingungen – so scherzen manche Einheimische. Die norwegische Stadt liegt rund 350 Kilometer nördlich des Polarkreises. Zwischen Ende November und Mitte Januar, während der Zeit der Polarnacht, herrscht anhaltende Finsternis. Dann geht die Sonne erst gar nicht mehr auf. Und selbst im Hochsommer wird es in Tromsø nur selten richtig warm. Warum sollte man also ausgerechnet hier einen Golfplatz besuchen?

Schon seit 1996 gibt es den Tromsø Golfklubb. Rund 45 Kilometer von der Stadt entfernt betreibt er – allen Widrigkeiten zum Trotz – den nördlichsten 18-Loch Golfplatz Europas. Keine leichte Aufgabe, denn der Rasen leidet enorm unter der langen kalten Jahreszeit. Die Greenkeeper haben alle Hände voll zu tun, um den Besuchern trotzdem einen gut bespielbaren Platz bieten zu können. Doch für das stellenweise nicht ganz perfekte Grün entschädigt die traumhafte Umgebung. Denn die dünn besiedelte Region hat ihren ganz eigenen Reiz. Hier spielt man Golf mit Blick auf die beeindruckende Kulisse der bis zu 1.800 Meter hohen Lyngenalpen. Fast kann man beim Abschlag den nahe gelegenen Ullsfjord sehen.

Doch wegen der klimatischen Bedingungen ist die Golfsaison im hohen Norden extrem kurz. Nur zwischen Ende Mai und Mitte Oktober kommen die Anhänger des Sports auf ihre Kosten. Dafür können sie im Juni und Juli ein Highlight erleben, das es so wohl auf keinem anderen Golfplatz gibt. Während der Zeit des Polartags, wenn die Sonne permanent am Himmel steht, kann man im Tromsø Golfklubb rund um die Uhr die Schläger schwingen. Eine Partie Golf im Schein der Mitternachtssonne – das ist einzigartig. Es ist die Lust am Licht, die auch auf diese Weise zelebriert wird. Für Touristen ist das eine besondere Erfahrung. Und für die Norweger eine willkommene Entschädigung nach monatelanger, anhaltender Dunkelheit.

Adresse Gnr 130 Bnr 11 Breivikeidet, 9027 Ramfjordbotn, Norwegen | **Anreise** Von Tromsø erreicht man den Golfplatz mit dem Auto in rund 45 Minuten. | **Öffnungszeiten** Ende Mai–Mitte Okt., genaue Informationen unter www.tromsogolf.com | **Tipp** In Tromsø lohnt ein Besuch der Eismeerkathedrale. Der Innenraum der markanten Kirche symbolisiert die lange Dunkelheit und das Polarlicht. Ihr großes Glasmosaikfenster steht für die Mitternachtssonne, die die Finsternis durchbricht.

RANDA, SCHWEIZ

77 Charles Kuonen Hängebrücke
Die längste Fußgänger-Hängebrücke

Höhenangst ist keine gute Voraussetzung für einen Gang über die Hängebrücke in der Nähe des kleinen Schweizer Alpendorfs Randa. 85 Meter schwebt sie an der höchsten Stelle über dem Abgrund. Durch die Trittgitter hindurch hat man allzeit freien Blick in die Tiefe – und das auf einer Rekordlänge von 494 Metern. 2017 wurde sie eröffnet: die längste frei hängende Fußgängerbrücke Europas.

Sie schließt eine Lücke im Europaweg. Der beliebte Wanderweg im Schweizer Kanton Wallis führt von der Gemeinde Grächen bis nach Zermatt am Fuß des berühmten Matterhorns. Eine frühere Brücke, die das Mattertal bei Randa auf etwa 250 Metern Länge überspannt hatte, wurde 2010 – nur wenige Monate nach ihrer Eröffnung – durch Steinschlag so stark beschädigt, dass sie gesperrt werden musste. Seitdem waren die Wanderer auf der Strecke gezwungen, rund 800 Höhenmeter ins Tal hinab- und auf der anderen Seite wieder nach oben zu steigen. Ein enormer Umweg, der sich durch die neue Fußgänger-Hängebrücke erübrigt. Ihren Namen verdankt diese übrigens ihrem Hauptsponsor, einem Unternehmer aus dem Wallis.

Rund drei Monate dauerte der Bau der hochmodernen Konstruktion. Brückenpfeiler entlang der Strecke gibt es nicht. Dafür sind die Fundamente auf beiden Seiten bis zu elf Meter tief im Gestein verankert. Sie tragen das Gesamtgewicht von 58 Tonnen. Von Gipfel zu Gipfel spannen sich zwei starke Stahlseile über das Tal. Daran sind alle drei Meter Eisenstangen montiert, die die schmalen Gitter halten, auf denen die Wanderer über die Brücke gehen. Spezielle Dämpfer sorgen dafür, dass die Brücke nicht zu stark vibriert. Und dennoch: Ein bisschen weiche Knie beim Überqueren bekommen wahrscheinlich die meisten. Also: besser nicht nach unten schauen, sondern lieber das einmalige Bergpanorama genießen.

Adresse 3928 Randa, Schweiz | **Anreise** Mit dem Zug von Bern über Visp nach Randa, vor dort erreicht man die Brücke nach rund zwei Stunden Wanderung. | **Öffnungszeiten** wetterabhängig von Mai–Okt., im Winter aus Sicherheitsgründen geschlossen | **Tipp** Der gesamte Europaweg ist knapp 40 Kilometer lang. In zwei Tagesetappen geht es von Grächen über Randa bis Zermatt. Immer wieder hat man unterwegs gute Sicht auf das Matterhorn.

REYKJAVÍK, ISLAND

78 __ Álfaskólinn
Die einzige Elfenschule

»Huldufólk« – das verborgene Volk – nennen die Isländer Elfen, Trolle, Gnome und andere Wesen. Überall sollen sie leben: in Steinen, an Seen oder in der Nähe heißer Quellen. Sie gelten als Schutzpatrone der Natur auf der Insel. Ob sie sich den Menschen zeigen, das entscheiden sie selbst. Für die meisten bleiben sie unsichtbar. Und dennoch glaubt Umfragen zufolge mehr als die Hälfte der Isländer an ihre Existenz.

Vielleicht ist es die magische Landschaft Islands, in die phantastische Wesen nur allzu gut hineinpassen. Bizarre Lavafelder und aktive Vulkane, riesige Gletscher, sprühende Geysire und majestätische Wasserfälle: Die Insel wirkt wie die perfekte Kulisse für einen Fantasy-Film.

Und tatsächlich spielen Elfen, Trolle und Co. hier bis heute eine große Rolle. Ist zum Beispiel eine neue Straße in Planung, kontaktiert das Bauministerium Experten, die prüfen, ob sich auf der Strecke nicht vielleicht eine Elfensiedlung befindet. Zu oft hat es in der Vergangenheit schon Fälle gegeben, in denen Planierraupen plötzlich stillstanden oder Baggerschaufeln zerbrachen. Viele sind überzeugt: Die verborgenen Wesen wehren sich, wenn der Mensch zu rücksichtslos in die Natur vordringt. Nicht selten passiert es daher, dass die Baupläne nach solchen Vorfällen geändert werden.

Wer mehr über das »Huldufólk« erfahren will, der ist bei Magnús Skarphéðinsson an der richtigen Adresse. Der Historiker beschäftigt sich seit vielen Jahren mit den unsichtbaren Geschöpfen und gibt sein Wissen an der Elfenschule weiter. Bei ihm lernt man alles über die 13 verschiedenen Elfenarten, den Unterschied zwischen Zwergen und Trollen oder das Verhalten von Feen. Zum Unterricht gehören auch Ausflüge an bevorzugte Wohnorte der Wesen. Durch den Kurs an der Elfenschule ist man zwar nicht plötzlich in der Lage, Feen und Trolle zu sehen. Aber man lernt jede Menge über die verborgene Welt – und über den Respekt vor der Natur.

Adresse Síðumúli 31, 108 Reykjavík, Island | **Anreise** mit dem Bus bis zur Station Fellsmúli (Linien 4, 11) oder Grensás (Linien 2, 14, 15, 17, 102) | **Öffnungszeiten** Kurse gibt es jeden Fr ab 15 Uhr (Länge: 3–4 Stunden) | **Tipp** Man kann auch selbstständig auf den Spuren der unsichtbaren Wesen wandeln. In der Touristeninformation von Reykjavík gibt es Karten, auf denen Elfensiedlungen und Gnomtunnel verzeichnet sind.

RIGA, LETTLAND

79 — Rīgas Centrāltirgus
Der größte Lebensmittelmarkt

2014 war ein besonderes Jahr für Riga. Als europäische Kulturhauptstadt stand die lettische Metropole im internationalen Rampenlicht. Mit jeder Menge Konzerten, Ausstellungen und anderen Events feierte die Stadt sich selbst und ihre kulturelle Vielfalt. Während der Eröffnungstage stand auch ein eher ungewöhnlicher Ort im Fokus: der Rigaer Zentralmarkt. Zwischen Kühltheken und Verkaufsständen gab es plötzlich buntes Kulturprogramm.

Es ist ein Hinweis auf die Bedeutung des Rīgas Centrāltirgus für die Stadt. Als er 1930 eröffnet wurde, war der Markt mit seinen 72.000 Quadratmetern Fläche nicht nur der größte, sondern auch der modernste Europas. Die lettische Hansestadt war das bedeutendste Handelszentrum der Region. Als »Perle des Baltikums« wurde Riga damals oft bezeichnet.

Heute sind es vor allem Einheimische, die hier einkaufen. In den fünf gigantischen Hallen finden sie alles, was sie für den täglichen Bedarf brauchen – von lokalen Spezialitäten bis hin zu Produkten aus aller Welt. Die Auswahl ist riesig: Fischfans können in einer der Hallen zwischen frischem Karpfen, norwegischem Hering und Unmengen von Räuchermakrelen wählen. In der nächsten Halle kommen Käseliebhaber auf ihre Kosten. Besonders beliebt: »Jāņu siers«, ein landestypischer Kümmelkäse. Auch andere regionale Produkte kann man auf dem Markt probieren, wie den gesunden Birkensaft oder »Pankuki«, lettische Pfannkuchen.

Der »Bauch der Stadt« hat einiges zu bieten. Besonders die Architektur der Markthallen ist sehenswert. Sie sind aus den Hangars einer ehemaligen Zeppelinfabrik entstanden. Diese lag rund 200 Kilometer von Riga entfernt und war während des Ersten Weltkriegs von den Deutschen errichtet worden. 1919 fiel das Gebiet an Lettland. Die Luftschiffhallen wurden für den Bau des Zentralmarktes genutzt. Der Rīgas Centrāltirgus ist eben nicht nur ein Markt – er erzählt auch ein Stück lettische Geschichte.

Adresse Nēģu iela 7, 1050 Riga, Lettland | **Anreise** mit der Tram bis zur Station Centrāltirgus (Linien 2, 3, 5, 7, 9 und 10) | **Öffnungszeiten** täglich 7–18 Uhr | **Tipp** Die ehemalige Speicherstadt »Spīķeri« in der Nähe der Markthallen entwickelt sich immer mehr zum Künstlerviertel mit Ateliers, Galerien und Cafés und ist einen Abstecher wert.

RUKA, FINNLAND

80 Polar Night Light Festival
Das nördlichste Lichtfestival

Es ist mitten in der Nacht, und der Winter hat den kleinen Ort Ruka im finnischen Lappland fest im Griff. Dennoch herrscht an den Skiliften reger Betrieb. Denn während des »Polar Night Light Festival« sind die Pisten nachts in buntes Licht getaucht. Und die Skifahrer werden – ausgestattet mit Taschenlampen, Kopflichtern und Reflektoren – Teil eines leuchtenden Kunstwerkes.

Ruka ist eines der wichtigsten Wintersportzentren in Finnland. Es liegt fast 800 Kilometer von der Hauptstadt Helsinki entfernt in der Nähe des Polarkreises. Die Skisaison beginnt hoch im Norden schon Mitte Oktober und dauert bis Mai. 34 Skipisten, 22 Lifte und rund 200 schneesichere Tage locken jedes Jahr viele Winterurlauber an. Auch internationale Wettkämpfe im Skispringen, Langlauf oder in der Nordischen Kombination werden hier ausgetragen.

Doch der lange Winter in Ruka ist auch eine düstere Zeit – vor allem im Dezember und Januar, wenn die Sonne im nördlichen Lappland nur wenige Stunden am Tag zu sehen ist. Seit 2017 bringt das Polar Night Light Festival für rund zwei Wochen Licht in dieses Dunkel. Dutzende Installationen nordischer Lichtkünstler sorgen dann dafür, dass die schneebedeckte Landschaft rund um den Ort phantasievoll illuminiert wird. Sowohl auf den Pisten als auch im Dorf selbst kann man die Kunstwerke bestaunen. Von abstrakten Projektionen bis hin zu ultravioletten Gemälden in leuchtenden Neonfarben. Damit die Lichtkunst perfekt zur Geltung kommen kann, werden Leuchtreklamen von Geschäften und Restaurants für die Zeit des Festivals abgeschaltet.

Mit einer Winterlandschaft wie aus dem Bilderbuch ist das kleine finnische Ruka sicher jederzeit einen Besuch wert. Aber das Lichtkunstfestival ist ein besonderes Highlight – und das tatsächlich im wahrsten Sinne des Wortes.

Adresse Ruka, 93825 Kuusamo, Finnland | **Anreise** mit dem Flugzeug bis Kuusamo, weiter mit dem Bus bis Ruka (Fahrtzeit rund 40 Minuten) | **Öffnungszeiten** Informationen zum Festivaltermin unter www.lightfestival.fi | **Tipp** Von September bis Februar hat man in der Region rund um Ruka gute Chancen, Polarlichter zu beobachten.

'S-HERTOGENBOSCH, NIEDERLANDE

81 Bolwoningen
Die einzige Siedlung mit kugelförmigen Häusern

Im ersten Moment könnte man meinen, hier seien Ufos gelandet. Und zwar nicht nur zwei oder drei, sondern gleich ein paar Dutzend. Der Ort 's-Hertogenbosch, knapp 100 Kilometer südlich von Amsterdam, ist die Heimat einer der wohl ungewöhnlichsten Wohnsiedlungen Europas. 50 weiße, kugelförmige Häuser stehen mitten in einem typischen niederländischen Vorort, umgeben von brauner, schmuckloser Architektur der 1980er Jahre. Wie überdimensionale Pilze, die zufällig aus dem Boden geschossen sind, sehen sie aus.

Bolwoningen – »Kugelwohnungen« – heißt das ausgefallene Wohnprojekt. Der Entwurf stammt vom niederländischen Architekten Dries Kreijkamp. Ende der 1970er Jahre hatte er die Idee für die kugelförmigen Konstruktionen. Wenige Jahre später wurden sie im Rahmen eines Programms für experimentelles Wohnen realisiert. Für den Künstler, Designer und Architekten war die runde Form die natürlichste Art des Wohnens. »Wir leben auf einer Kugel, wir wurden aus einer Kugel heraus geboren, warum also sollten wir nicht in einer Kugel leben?«, soll er gesagt haben.

Wie es sich anfühlt, in einem runden Haus zu leben, können seitdem die Bewohner der Bolwoningen erfahren. Mit rund 55 Quadratmetern Wohnfläche bieten diese zwar nicht gerade viel Platz, aber der wird effektiv genutzt. Im Erdgeschoss der Bauten befindet sich das Schlafzimmer, direkt darüber das Bad, und im Obergeschoss liegt das Wohnzimmer mit Küche. Hier sorgen sechs kreisrunde Fenster dafür, dass der Raum von Licht durchflutet wird. Jedes der sphärischen Gebäude steht zudem auf einem Betonzylinder, der zusätzlichen Stauraum bietet. Ein ausgeklügeltes Wohnkonzept in futuristischer Form.

Zugegeben: Die passende Einrichtung für ein solches rundes Haus zu finden ist sicher nicht ganz einfach. Aber für die einmalige Chance, in einer kugelförmigen Wohnung zu leben, nimmt man das wohl in Kauf.

Adresse Bollenveld, 5235 's-Hertogenbosch, Niederlande | **Anreise** Von Amsterdam bis 's-Hertogenbosch ist es mit dem Zug rund eine Stunde Fahrt. Weiter mit dem Bus (Linie 9) bis Bollenveld. | **Tipp** Runde Formen scheinen in 's-Hertogenbosch allgegenwärtig zu sein. Unbedingt probieren sollte man »Bossche Bollen«, ein kugelförmiges Gebäck mit Sahnefüllung.

82 San Marino
Die älteste Republik

Dass San Marino überhaupt ein eigener Staat ist, wird oft übersehen. Das ist nicht so erstaunlich, denn mit gerade einmal 61 Quadratkilometern Fläche ist das Land eines der kleinsten Europas. Und dennoch ist es zugleich die älteste bestehende Republik des Kontinents. Denn seit jeher ist San Marino unabhängig und selbstbestimmt.

Vielleicht hat das mit der Lage des Landes zu tun. Vollständig umgeben von Italien, versteckt sich San Marino im bergigen Hinterland von Rimini. Der Monte Titano mit seinen rund 740 Metern Höhe prägt das Landschaftsbild. Von seinem Gipfel kann man im Osten bis zur Adria und im Westen bis zu den Apenninen blicken. Die Festungsanlagen auf dem Fels zeugen davon, dass sich die kleine Republik im Laufe der Geschichte zu verteidigen wusste.

Auf dem Berg liegt auch die Hauptstadt, San Marino Città. Nur über eine Seilbahn oder zu Fuß geht es hinauf in die autofreie Altstadt mit ihren engen Gassen und alten Gemäuern. In der Basilika befindet sich die Grabstätte des heiligen Marinus, Staatsgründer und Namenspatron des Landes. Der Steinmetz soll vor der Christenverfolgung aus Rimini auf den Monte Titano geflohen sein. Dort legte der charismatische Laienprediger den Grundstein für die noch heute bestehende Republik. Auch wenn nur wenige Quellen aus dieser Zeit erhalten sind, gilt das Jahr 301 als Gründungsdatum. Das macht den Zwergstaat zur ältesten Republik der Welt.

Einen König gab es in San Marino nie. Im »Palazzo Pubblico« teilen sich heute zwei vom Parlament gewählte »Capitani Reggenti« für je sechs Monate die Macht. Eine Wiederwahl direkt im Anschluss ist ausgeschlossen. So steht keine Person zu lange an der Spitze des kleinen Staates.

»Ich lasse euch frei von jedem anderen Menschen zurück«, soll der Gründer der Republik auf seinem Sterbebett gesagt haben. Es ist dieser Geist der Unabhängigkeit, der San Marino nun schon seit mehr als 1.700 Jahren prägt.

Adresse San Marino Città, 47890 San Marino | **Anreise** San Marino ist rund 30 Kilometer von Rimini entfernt. Von dort fahren regelmäßig Busse (Fahrtzeit rund 30 Minuten). | **Tipp** Die Grenze zwischen Italien und San Marino ist – wie vielerorts in Europa – unsichtbar. Kontrollen gibt es nicht, aber wer ein besonderes Souvenir mitnehmen möchte, kann sich in der Touristeninformation ein Visum in den Reisepass stempeln lassen.

SÃO MIGUEL, PORTUGAL

83 Chá Gorreana
Die älteste Teeplantage

Sie sind vom amerikanischen Kontinent gar nicht so viel weiter entfernt als vom europäischen Festland: die Azoren. Ein einsamer Außenposten Portugals mitten im Atlantischen Ozean. Doch nicht nur die Lage der neun Inseln ist besonders. Frost gibt es hier nie, das Klima ist ganzjährig mild und feucht. So konnten sich weite Teile der Inselgruppe zu einem üppigen, immergrünen Paradies entwickeln. Auf den fruchtbaren vulkanischen Böden wachsen farbenfroh blühende Hortensienbüsche genauso wie Zuckerrohr oder Tabak – und Tee!

Wie der Tee auf die Azoren kam, dazu gibt es verschiedene Überlieferungen. Eine erzählt von einem portugiesischen Kommandeur, der die Pflanzen 1820 aus Brasilien mitgebracht haben soll. Eine andere nennt zwei Chinesen, die 1878 auf die Atlantikinseln kamen. Egal, wie: Für die Insulaner war der Import ein Segen. Der Teeanbau wurde für viele Jahrzehnte zu einer wichtigen Einnahmequelle auf den Azoren. 62 Plantagen gab es zur Blütezeit.

Die älteste, die noch existiert, ist »Chá Gorreana«. Die Familie Mota führt sie im Norden der Insel São Miguel inzwischen in fünfter Generation. Seit 1883 wird hier bereits Tee angebaut. Viele der Maschinen für Ernte und Verarbeitung der Blätter stammen noch aus der Anfangszeit. Und viele Arbeitsschritte sind bis heute Handarbeit. Davon können sich auch Touristen überzeugen, die die Plantage besuchen. Von April bis September ist Erntezeit. Nach dem Pflücken kommen die Teeblätter zum Trocknen und Fermentieren in die Fabrik, wo sie manuell sortiert werden. Zwischen 30 und 40 Tonnen schwarzer und grüner Tee werden jedes Jahr produziert.

Mit der Konkurrenz aus Indien oder Sri Lanka kann der Tee von den Azoren preislich zwar nicht mithalten. Aber davon lassen sich die Betreiber von »Chá Gorreana« nicht unterkriegen. Sie wollen auch in Zukunft weiter Tee von der ältesten Teeplantage Europas in alle Welt exportieren.

Adresse Plantações de Chá Gorreana, 9625-304 Maia, São Miguel, Azoren, Portugal | **Anreise** mit dem Flugzeug nach Ponta Delgada auf São Miguel, weiter mit dem Mietwagen zur Teeplantage im Norden der Insel (Fahrtzeit rund 30 Minuten) | **Öffnungszeiten** Mo–Fr 8–18 Uhr, Sa, So 9–18 Uhr | **Tipp** Bei einer Führung erfährt man alles über den Prozess des Teeanbaus und kann verschiedene Sorten verkosten.

SCHLADEN, DEUTSCHLAND

84 Schlangenfarm Schladen
Die größte Schlangenfarm

Jürgen Hergert hatte schon immer ein Herz für Schlangen. Ohne ihn gäbe es die Schlangenfarm im niedersächsischen Schladen heute sicher nicht. Schon als Kind lebte Hergert für einige Jahre in Namibia, später führte es ihn als Maschinenbauingenieur immer wieder nach Afrika. Auf einer Schlangenfarm im südafrikanischen Johannesburg lernte er, mit den Reptilien umzugehen. Später studierte er Zoologie und beschloss, eine eigene Farm in Deutschland zu eröffnen. Aus seiner Leidenschaft wurde ein Beruf – und ein in Europa einzigartiges Projekt.

Seit rund 40 Jahren gibt es die Schlangenfarm inzwischen, auch wenn Jürgen Hergert sie mittlerweile nicht mehr selbst führt. Die ersten Tiere hatte er noch selbst in der Wildnis eingefangen. Heute leben auf der Farm etwa 60 Schlangenarten aus verschiedenen Regionen der Welt. Viele von ihnen sind hochgiftig. Neben Schlangen sind auch Skorpione, Schildkröten, Piranhas oder Warane in Schladen zu Hause. Insgesamt 1.300 exotische Tiere gibt es hier. Sie alle kann man bei einem Rundgang über das Gelände entdecken. Bei den täglichen Vorführungen erfährt man außerdem viel Wissenswertes über die tierischen Bewohner – und kann gleichzeitig seine Berührungsängste abbauen.

Die Besucher kommen natürlich nur mit den ungefährlichen Tieren in Kontakt. Alles andere wäre zu riskant, das wusste auch Jürgen Hergert nur zu gut. Er selbst schwebte nach dem Biss einer Schwarzen Mamba einmal in Lebensgefahr. Doch das hat ihn nicht davon abgehalten, sich weiter seinem Herzensprojekt zu widmen. Denn die Schlangenfarm in Schladen leistet seit vielen Jahren auch einen wichtigen Beitrag zur medizinischen Forschung. Regelmäßig werden die Schlangen gemolken. Aus dem Gift entstehen Antiseren und Medikamente. Die kommen bei der Behandlung von Rheuma, Gicht oder Bluthochdruck auf der ganzen Welt zum Einsatz – und das dank Jürgen Hergert und seiner Faszination für Schlangen.

Adresse Im Gewerbegebiet 5, 38315 Schladen-Werla, Deutschland | **Anreise** Mit dem Zug von Hannover über Braunschweig nach Schladen. Die Schlangenfarm liegt am Stadtrand (circa 25 Minuten zu Fuß vom Bahnhof). | **Öffnungszeiten** März–Okt. täglich 10–17 Uhr, Nov.–Feb. täglich 10–16 Uhr | **Tipp** Von Schladen aus ist es nur etwa eine Autostunde bis zum berühmten Brocken im Harz. Der höchste Berg des beliebten Mittelgebirges ist zu jeder Jahreszeit einen Abstecher wert.

85 Schwyz-Stoos-Bahn
Die steilste Standseilbahn

Das kleine Schweizer Dorf Stoos ist ein beliebtes Urlaubsziel. Die 150-Seelen-Gemeinde liegt idyllisch auf einem Hochplateau auf rund 1.300 Metern, umgeben von den alpinen Gipfeln des Kantons Schwyz. Wer den autofreien Ort besuchen will, hat es nicht ganz leicht. Denn Stoos ist nur mit einer der umliegenden Seilbahnen zu erreichen. Die spektakulärste Anfahrt hat man dabei wohl mit der Schwyz-Stoos-Bahn.

In vier gläsernen Kabinen, die aussehen wie große liegende Fässer, bringt die Standseilbahn seit Ende 2017 Einwohner und Touristen von der Talstation Schlattli in das Bergdorf Stoos. Auf der rund 1,75 Kilometer langen Strecke überwindet die Bahn fast 750 Höhenmeter. Keine leichte Aufgabe für die Konstrukteure, die viele Jahre an der Strecke planten und bauten. Die maximale Steigung liegt in einigen Abschnitten bei sage und schreibe 110 Prozent. Das heißt, dass sich die Waggons auf 100 Metern Länge ganze 110 Meter in die Höhe kämpfen.

Damit die Fahrt trotzdem so bequem wie möglich ist, drehen sich die zylinderförmigen Kabinen kontinuierlich mit und passen sich so der jeweiligen Neigung an. Dabei bleibt der Boden, auf dem die Fahrgäste stehen, stets waagerecht. So kann man entlang der gesamten Strecke den spektakulären Ausblick auf die Berglandschaft durch die gläsernen Fronten genießen.

Nur ein paar Minuten dauert die Fahrt von der Talstation bis auf den Berg. Drei Tunnel durchquert die Seilbahn, während sie sich immer höher hinaufschraubt. Im obersten wacht die beleuchtete Statue der heiligen Barbara über das Geschehen. Sie ist die Schutzpatronin der Bergleute und Stollenarbeiter. Hat man den letzten Tunnel passiert, wird die Landschaft sanfter und flacher. Kurze Zeit später erreicht man Stoos, das Bergdorf, das mit der neuen Standseilbahn nicht nur ein wichtiges Verkehrsmittel, sondern auch gleich einen außergewöhnlichen Rekord bekommen hat.

Adresse Grundstrasse 230, 6430 Schwyz, Schweiz | **Anreise** mit dem Zug von Luzern bis in den Ort Schwyz, weiter mit dem Bus (Linie 1) bis zur Talstation der Standseilbahn | **Öffnungszeiten** Informationen zum Fahrplan unter www.stoos-muotatal.ch | **Tipp** Rund um Stoos bieten sich im Sommer viele Möglichkeiten für Wander- und Klettertouren, während im Winter 35 Kilometer Skipisten locken.

SIZILIEN, ITALIEN

86 Ätna

Der höchste aktive Vulkan

Es grummelt und brodelt beständig im Bauch des Ätna. Und manchmal, so scheint es, verschluckt er sich. Dann speit der Vulkan im Nordosten Siziliens glühende Lava. Aus den Tiefen der Erde entlädt sich die heiße Masse in einem beeindruckenden Naturschauspiel. Mehrere hundert Meter hoch können die Lavafontänen in den Himmel schießen, bevor das flüssige Gestein die umliegende Landschaft auf der italienischen Insel unter sich begräbt.

Faszination und Gefahr liegen beim Ätna nah beieinander. Das war schon immer so. Vor mehr als einer halben Million Jahren gab es die ersten Ausbrüche. Seitdem hat der Vulkan unzählige Male seine Macht demonstriert und ganze Dörfer und Städte mit seiner glühenden Lava zerstört. Die Umgebung des Ätna gleicht einer Mondlandschaft mit riesigen Kratern und schwarzen Gesteinsbrocken. Mit jeder Eruption verändert sich das Bild. Der feuerspuckende Berg wächst oder schrumpft durch Einstürze am Kraterrand. Mehr als 3.300 Meter ragt der Gipfel über dem Meeresspiegel auf. Damit ist der Ätna der höchste derzeit aktive Vulkan Europas.

Die Sizilianer haben sich an das Leben mit der ständigen Bedrohung gewöhnt. Denn der Vulkan ist auch ein Segen für die italienische Mittelmeerinsel. Das Lavagestein speichert Wasser wie ein Schwamm, die Böden sind mineralhaltig und fruchtbar. Vor allem im Frühling verwandelt sich daher ein Teil Siziliens in eine grüne Oase. Pistazien- und Mandelbäume wechseln sich ab mit Zitronenhainen und blühenden Blumenwiesen.

Rund um den Ätna haben sich außerdem im Laufe der Zeit viele Weingüter angesiedelt. Denn der Boden verleiht den Trauben, die hier wachsen, einen intensiven mineralischen Geschmack. Ohne den Vulkan gäbe es die aromatischen sizilianischen Weine nicht, die vielen ein sicheres Einkommen verschaffen. Wer im Schatten des Ätna lebt, hat zwar Respekt vor seiner unbändigen Kraft, weiß aber auch seine Gaben zu schätzen.

Adresse Sizilien, Italien | **Anreise** Mit dem Flugzeug geht es bis Catania. Von dort gelangt man mit dem Mietwagen oder Reisebus zu einer der beiden Bergstationen, die den Ausgangspunkt für eine Erkundungstour bilden. Je nach Aktivität des Vulkans können Teile gesperrt sein. | **Tipp** Mit der historischen Schmalspurbahn »Ferrovia Circumetnea« kann man den Vulkan aus einer anderen Perspektive erleben. Die Strecke führt von Catania bis Riposto fast einmal um den Ätna herum.

SLOWAKEI / POLEN

87 — Hohe Tatra
Das kleinste Hochgebirge

Die Hohe Tatra ist in vielerlei Hinsicht ein besonderes Gebirge. Das Bergmassiv erstreckt sich über zwei Länder. Zwei Drittel der Fläche gehören zur Slowakei, ein Drittel zu Polen. Maximal 50 Kilometer lang und 15 Kilometer breit dehnt sich das kleine Gebirge aus, dennoch bietet es eine beeindruckende alpine Landschaft. 25 Gipfel sind mehr als 2.500 Meter hoch. Und: Hier gibt es die letzten Sherpas in ganz Europa.

Im slowakischen Teil der Hohen Tatra hat das Lastentragen Tradition. Die Berghütten sind noch nicht durch Seilbahnen oder Straßen erschlossen, hinauf geht es nur zu Fuß. Alles, was für die Versorgung der Gäste gebraucht wird, muss mühsam nach oben geschleppt werden – von Lebensmitteln und Getränken über Baumaterial bis hin zu Töpfen und Gasflaschen zum Kochen. Auf traditionellen Holzkraxen balancieren die slowakischen Sherpas ihre Lasten die schmalen, steinigen Wege hinauf. Bis zu 100 Kilogramm auf einmal tragen sie – ein Knochenjob.

Dass die Gipfel so schwer zu erreichen sind, ist für die Natur ein Glücksfall. Weite Teile der Hohen Tatra sind nach wie vor nahezu unberührt. Neben Luchsen, Mardern und Murmeltieren sind auch Wölfe und Bären in der Region zu Hause. Auf beiden Seiten der Grenze sind die Berge als Nationalpark geschützt. Zwischen klaren Seen, rauschenden Wasserfällen und rustikalen Hütten können Wanderer Ruhe und Erholung finden – oft fernab vom Massentourismus.

Im Winter kehrt mehr Leben ein im kleinen Hochgebirge. Dann wird die Hohe Tatra zum Wintersportmekka. Für die Slowaken ist es das größte Skigebiet des Landes. Auf polnischer Seite zieht es die meisten Besucher nach Zakopane am Fuße des Nationalparks. Per Seilbahn geht es dort auf die Skipisten in knapp 2.000 Metern Höhe. Egal, ob im Winter oder Sommer: Wer die Hohe Tatra zum ersten Mal besucht, wird erstaunt sein, was das kleine Hochgebirge auf engstem Raum zu bieten hat.

Adresse Hohe Tatra, Slowakei/Polen | **Anreise** Auf slowakischer Seite ist die Hohe Tatra am einfachsten über Poprad zugänglich (per Flugzeug oder Zug), auf polnischer Seite über Zakopane (mit dem Zug oder Auto über Krakau). | **Tipp** Auch im »Inneren« der Hohen Tatra gibt es einiges zu entdecken. Das Gebiet ist von mehreren Tropfsteinhöhlen durchzogen. Die größte, Belianska jaskyňa, liegt in der Slowakei, knapp 30 Kilometer von Poprad entfernt.

SPITZBERGEN, NORWEGEN

88 Longyearbyen
Die nördlichste Siedlung

Vorsicht: Eisbären! Wer sich dem Stadtrand von Longyearbyen nähert, dem leuchtet diese Warnung von offiziellen Verkehrsschildern entgegen. Und die ist durchaus ernst gemeint: Denn auf der norwegischen Inselgruppe Spitzbergen gibt es deutlich mehr Eisbären als Menschen. Zur Sicherheit darf man den Ort daher nur in Begleitung eines bewaffneten Touristenführers verlassen. Longyearbyen ist ein kleines Stück Zivilisation mitten im Arktischen Ozean. Ein Besuch in der nördlichsten permanent bewohnten Siedlung Europas ist ein wahrhaft extremes Erlebnis.

Berge, Gletscher und karge Landschaft, so weit der Blick reicht. Keinen Baum, kaum ein bisschen Grün gibt es hier. Longyearbyen liegt auf dem 78. Breitengrad Nord, etwa auf halber Strecke zwischen norwegischem Festland und Nordpol. Zwischen Ende Oktober und Mitte Februar schafft es die Sonne auf dem arktischen Archipel nicht mehr über den Horizont. Dann herrscht Polarnacht. Und selbst im Hochsommer steigen die Temperaturen nur selten auf mehr als fünf Grad Celsius.

Doch all das scheint die rund 2.100 Einwohner der ehemaligen Bergarbeiterstadt nicht zu schrecken – und auch die Touristen nicht, die den Weg hierher finden. Denn an kaum einem anderen Ort in Europa spürt man die Natur so nah, so direkt und so ursprünglich. Die Umgebung von Longyearbyen bietet eine Fülle einmaliger Erlebnisse. Im Winter geht es mit dem Schneemobil oder dem Hundeschlitten auf Entdeckungstour. Und im Sommer zu Fuß auf mehrtägige Gletscherwanderungen. Oder mit dem Boot zu den beeindruckenden Eisbergen in den nahe gelegenen Fjorden, wo sich oft auch Wale beobachten lassen. Manchmal kann man am nächtlichen Himmel sogar den Tanz der Polarlichter sehen. Und wer noch mehr Glück hat, bekommt bei einem seiner Ausflüge rund um Longyearbyen vielleicht wirklich den König der Arktis zu Gesicht: den Eisbären. Aber bitte: immer schön Abstand halten!

Adresse Longyearbyen, Insel Spitzbergen, Norwegen | **Anreise** Longyearbyen erreicht man mit dem Flugzeug von Oslo oder Tromsø oder per Schiff. | **Tipp** Im Restaurant »Gruvelageret« in einer ehemaligen Lagerhalle kann man der Bergbauvergangenheit Longyearbyens nachspüren. Hier hat auch schon die norwegische Königsfamilie gespeist.

89 Vatikan
Das kleinste Land

Von der Kuppel des Petersdoms aus hat man den besten Blick über die Dächer des Vatikans. Von hier aus kann man leicht das gesamte Territorium überblicken. Mit 44 Hektar Fläche ist der Zwergstaat nur geringfügig größer als das Areal des Münchner Oktoberfestes. Zu Fuß kann man ihn in weniger als einer Stunde umrunden. Errichtet auf dem Hügel Monte Vaticano mitten in der italienischen Hauptstadt Rom, ist der Vatikan als Sitz des Papstes seit 1929 ein eigenständiger, souveräner Staat.

Doch nicht nur die Größe des Vatikans ist ungewöhnlich, das Mini-Land überrascht die Besucher mit jeder Menge Kuriositäten. So ist etwa tatsächlich Latein die Amtssprache, der winzige Staat hat eine eigene Zeitung, eine Feuerwehr, gleich drei Postämter und eine eigene Fußballliga. Sogar einen Bahnhof gibt es, der aber im Laufe der Jahrzehnte nur wenige Male von Päpsten genutzt wurde. Bewacht wird der Vatikan von der Schweizergarde. Wer in die kleine Armee mit ihren typischen rot-blau-gelben Uniformen aufgenommen werden will, muss Schweizer Staatsbürger sein, zudem katholisch, gesund und mindestens 1,74 Meter groß. Trotz der allgegenwärtigen Gardisten hat der Vatikan eine der höchsten Kriminalitätsraten weltweit. Der Grund: die unzähligen Taschendiebstähle im Verhältnis zur geringen Einwohnerzahl.

Tausende Touristen kommen jeden Tag, um den berühmten Petersdom, die Sixtinische Kapelle und die Vatikanischen Museen zu besichtigen. Oder um an einer der wöchentlichen Generalaudienzen des Papstes teilzunehmen. Der ist nicht nur der Kopf der katholischen Kirche, sondern auch das weltliche Oberhaupt im Vatikan. Sein Staatsgebiet mag klein sein, aber seine Macht ist groß. Alle drei Gewalten vereint er in seiner Hand. Und regieren kann er, wenn er einmal gewählt ist, solange es ihm beliebt. Damit ist der Vatikan nicht nur das kleinste Land, sondern zugleich auch die letzte absolute Monarchie Europas.

Adresse 00120 Vatikanstadt | **Anreise** Der Vatikan liegt mitten in Rom am Westufer des Tiber und ist mit zahlreichen Bussen oder zu Fuß vom Stadtzentrum Roms zu erreichen. Die nächstgelegene Metro-Station ist Ottaviano (Linie A). | **Tipp** Wer den Petersdom besuchen möchte, sollte sich vorher informieren, ob an dem Tag Gottesdienste oder andere Veranstaltungen geplant sind, weil die Basilika dann nicht zugänglich ist.

ST. MORITZ, SCHWEIZ

90 — Olympia Bob Run
Die einzige Natureisbobbahn

Den kalten Fahrtwind im Gesicht, rauscht die Welt wie ein Trugbild vorbei. Das Herz rast, die Knie werden weich. Und der Körper wird in den engen Kurven wie ein Spielball von links nach rechts geschleudert. Mit mehr als 130 Kilometern pro Stunde geht es den Eiskanal hinunter. Dabei drückt einen das Vierfache des eigenen Körpergewichts in den Sitz. 75 Sekunden Adrenalin pur. Eine Gästebobfahrt auf dem »Olympia Bob Run St. Moritz-Celerina« ist ein Erlebnis, das man so schnell nicht vergisst.

Und das an einem außergewöhnlichen Ort, denn hier, in den Schweizer Alpen, wurde der Bobsport erfunden. Um ein paar gelangweilte Engländer in ihrem Winterurlaub zu unterhalten, ließ ein findiger Hotelier Ende des 19. Jahrhunderts einfach zwei Schlitten zusammenschweißen. Und da die verrückten Touristen nicht immer auf den Straßen rodeln sollten, wurde 1904 zwischen St. Moritz und dem Nachbarort Celerina zum ersten Mal eine Eisbahn gebaut. Bis heute entsteht sie an derselben Stelle jedes Jahr aufs Neue. Nach dem ersten Schneefall machen sich die Bahnbauer ans Werk. Mit Bagger und Schaufel errichten sie innerhalb von drei Wochen die neue Bobbahn. Sie ist damit nicht nur die älteste der Welt, sondern auch die einzige, die nur aus Eis und Schnee – ohne ein Betonfundament – gebaut wird. Aus rund 15.000 Kubikmetern Schnee und zehn Millionen Litern Wasser entsteht die gut 1.700 Meter lange Strecke.

Schon so mancher Weltcupsieger und Olympionike ist in den letzten Jahrzehnten den berühmten Eiskanal hinuntergesaust. Bei den Gästefahrten werden die Hobby-Bobfahrer aber nicht ihrem Schicksal überlassen. Das wäre bei den Geschwindigkeiten dann doch zu riskant. Geschützt zwischen Pilot und Bremser geht es im Viererbob auf ins rasante Abenteuer. So ist noch jeder Tourist heil nach unten gekommen. Vorkenntnisse muss man dafür nicht mitbringen – eine gehörige Portion Mut dagegen schon.

Adresse Olympia Bob Run St. Moritz–Celerina, Via Maistra 54, 7500 St. Moritz, Schweiz | Anreise vom Bahnhof St. Moritz Buslinie 3 bis St. Moritz Dorf, dann mit der Buslinie 2 oder 6 bis St. Moritz Bären | **Öffnungszeiten** täglich 7–17 Uhr (Mitte Dez.–Anfang März) | Tipp Im nahe gelegenen Bobmuseum kann man sich über die Geschichte des Sports und der Bobbahn informieren. Giassa da Scoula 6, 7505 Celerina.

STOCKHOLM, SCHWEDEN

91 Königlicher Nationalstadtpark

Der erste Nationalpark in einer Großstadt

Die Natur ist in Stockholm nie weit entfernt. Die schwedische Hauptstadt verteilt sich über 14 Inseln, das Wasser hat man somit fast überall vor der Haustür. Dazu kommen jede Menge Grünflächen. Und seit 1995 der weltweit erste Nationalpark im Herzen einer solchen Metropole.

Knapp 30 Quadratkilometer geschützte Natur- und Kulturlandschaft erstrecken sich über Teile der Stadt bis zur Gemeinde Solna im Norden Stockholms. So groß das Areal ist, so vielfältig ist es auch. Den nördlichen Ausläufer bildet die barocke Parkanlage Ulriksdal. Etwas weiter in Richtung Stadtzentrum liegt der englische Landschaftspark Haga mit seinem berühmten Schloss, dem Wohnsitz von Kronprinzessin Victoria. Auch die Inselgruppe Fjäderholmarna, südlich der Stadt am Eingang des Stockholmer Schärengartens, gehört zum Nationalpark.

Das Herz des Parks aber bildet der Djurgården, der »Tiergarten«. Einst war das Areal das exklusive Jagdgebiet der schwedischen Königsfamilie, heute steht es der Allgemeinheit offen. Das weitläufige Naherholungsgebiet auf der gleichnamigen Insel ist nur einen Steinwurf vom Stadtzentrum entfernt. Hier kann man Füchsen, Reihern und sogar Elchen begegnen. Doch nicht nur die Natur macht den Djurgården so beliebt. Hier liegen auch einige der meistbesuchten Museen der Stadt. Im Freilichtmuseum »Skansen« geht es auf Zeitreise durch die schwedische Geschichte. Nicht weit davon kann man im »Vasa-Museum« das berühmte Kriegsschiff aus dem 17. Jahrhundert erkunden. Und im »ABBA-Museum« kommen Fans der schwedischen Popgruppe auf ihre Kosten – Ohrwurmgarantie inklusive.

Der Königliche Nationalstadtpark verbindet Natur und Kultur. Mitten in der schwedischen Hauptstadt bildet er so einen Rückzugsort für Einheimische und Touristen gleichermaßen.

Adresse 11521 Stockholm, Schweden | **Anreise** Der Park ist gut mit öffentlichen Verkehrsmitteln (Bus, Metro, Boot) zu erreichen. Im Sommer empfiehlt sich eine Erkundungstour mit dem Fahrrad. | **Tipp** Den Königlichen Nationalstadtpark kann man auch im Rahmen einer Hop-on-hop-off-Bootstour entdecken. Große Teile des Parks liegen am Wasser. Meist kann man an verschiedenen Stationen aus- und einsteigen.

STOCKHOLM, SCHWEDEN

92 Tunnelbana
Die längste unterirdische Kunstgalerie

Wenn man in Stockholm mal die U-Bahn verpasst, ist der Ärger schnell verraucht. Denn in den Stationen der Tunnelbana tief unter der schwedischen Hauptstadt gibt es eine Menge zu entdecken. Der weitaus größte Teil der U-Bahnhöfe Stockholms wurde nämlich von Künstlern gestaltet. Skulpturen, Mosaike, Installationen und Wandgemälde machen jede der Stationen zu einem Kunstwerk und die U-Bahn-Fahrt zum Besuch einer riesigen unterirdischen Kunstgalerie.

Schon Ende der 1950er Jahre fiel der Startschuss für das ungewöhnliche Projekt. Kreative aus Stockholm forderten mehr Kunst im öffentlichen Raum. Die U-Bahn schien der perfekte Ort dafür zu sein: einfach zugänglich, offen für alle und doch geschützt vor Wind und Wetter. Die Station »T-Centralen« war die erste, die zum Kunstwerk wurde. Große Teile des Bahnhofs sind in ein tiefes Blau getaucht. Die Farbe soll Ruhe ausstrahlen, denn die Station ist der Knotenpunkt des Stockholmer Metro-Systems und daher besonders geschäftig. Blumenmuster und ländliche Motive, ebenfalls in sanftem Blau, ergänzen das Bild. Wie viele der Stockholmer U-Bahnhöfe ist »T-Centralen« höhlenartig in den Fels gehauen. So werden die Besucher von der Kunst regelrecht umhüllt.

Heute sind 94 der 100 Tunnelbana-Stationen begehbare Kunstwerke. In der Station »Kungsträdgården« scheint sich ein unterirdischer Garten breitgemacht zu haben. Die Wände des Bahnhofs »Solna Centrum« ziert ein grüner Nadelwald, über dem die Höhlendecke wie ein leuchtend roter Himmel schwebt. Der Zugang zum Gleis der Station »Stadion« wird von einem riesigen Regenbogen überspannt. Und die Haltestelle »Thorildsplan« erinnert mit pixeligen Motiven aus »Super Mario« und »Pac-Man« an die Computerspiele-Welt der 1980er Jahre.

Eine U-Bahn-Fahrt in Stockholm wird so zur Reise durch die Kunststile vergangener Jahrzehnte – und das Warten auf die nächste Metro garantiert nie langweilig.

Adresse Stockholm, Schweden | **Öffnungszeiten** Mo–Do 5–1 Uhr, Fr, Sa rund um die Uhr, So 6–1 Uhr | **Tipp** Wer mehr über die einzelnen Bahnhöfe und Kunstwerke erfahren will, kann auch an einer der regelmäßigen Führungen teilnehmen. Oder man lädt sich die App »SL ArtGuide« auf das Smartphone. Der Audioguide bietet Informationen auf Englisch und Schwedisch zu 21 Stationen.

ST. PETERSBURG, RUSSLAND

93 Eremitage
Das Museum mit der größten Kunstsammlung

Schon am frühen Morgen bilden sich lange Schlangen auf dem Palastplatz vor dem Eingang zum Hauptkomplex der Eremitage. Das Museum ist eine der wichtigsten Sehenswürdigkeiten St. Petersburgs. Mehr als vier Millionen Besucher aus aller Welt kommen jedes Jahr in die russische Stadt an der Newa, um die berühmten Kunstschätze zu sehen. Vor der markanten grün-weißen Fassade des Winterpalastes warten sie geduldig auf Einlass. Wer es ins Innere geschafft hat, für den beginnt ein wahrer Kunst-Marathon.

Rund 60.000 Exponate sind in den Räumen der Eremitage ausgestellt. Gut drei Millionen weitere Kunstobjekte lagern in den Archiven. Eine enorme Sammlung, deren Wurzeln auf Kaiserin Katharina II. zurückgehen. Die Deutsche auf dem russischen Zarenthron kaufte im 18. Jahrhundert viele bedeutende Gemälde, Skulpturen und Zeichnungen. Um sie zu präsentieren, entstanden im Laufe der Zeit mehrere Bauten rund um den Zarenpalast. Heute bilden Alte, Neue und Kleine Eremitage sowie Eremitage-Theater und Winterpalast einen zusammenhängenden Gebäudekomplex.

In vielen Räumen reihen sich, dicht an dicht, hochkarätige Werke aneinander. Mehr als 350 Säle voller Kunst gilt es für die Besucher zu entdecken. Darunter Gemälde berühmter Meister wie Leonardo da Vinci, Picasso, Rembrandt oder van Gogh. Aber auch archäologische Schätze, römische Statuen und jede Menge Schmuck und Prunk aus der Zarenzeit sind in der Eremitage zu bestaunen. Nur einen Bruchteil schafft man während eines einzigen Besuchs zu sehen. Schon die prachtvollen Säle und Gänge des Museums lohnen einen zweiten Blick. Und wer jedem der Kunstwerke auch nur 30 Sekunden widmen wollte, der müsste fast drei Wochen in der Eremitage verbringen – und das rund um die Uhr.

Da hilft nur eins: Man muss wiederkommen. Und sich wieder einreihen in die Schlange der Wartenden vor dem leuchtenden Grün-Weiß des Winterpalastes.

Adresse Palastplatz 2, St. Petersburg, 190000 Russland | **Anreise** Mit der Metro (Linie 5) bis zur Station Admiralteyskaya, von dort sind es nur wenige Minuten zu Fuß. | **Öffnungszeiten** täglich 10.30–18 Uhr, Mi, Fr bis 21 Uhr, Mo geschlossen | **Tipp** Das normale Ticket gewährt Zugang zum größten Teil der Eremitage. Die Schatzkammer der Zaren mit vielen kostbaren Objekten aus Gold und Diamanten kann man jedoch nur im Rahmen einer Führung besuchen.

ŚWIEBODZIN, POLEN

94 Pomnik Chrystusa Króla
Die größte Christusstatue

Angeblich begann alles mit einer Erleuchtung. Sylwester Zawadzki, der damalige Pfarrer der polnischen Kleinstadt Świebodzin, hörte den Ruf des Herrn, ihm ein Denkmal zu bauen. Also tat er alles, um diesen Wunsch Realität werden zu lassen. Er sicherte sich ein Grundstück der Gemeinde, ließ Zeichnungen und Baupläne entwerfen und sammelte Gelder ein. Das Ergebnis ist heute schon von der nahe gelegenen Autobahn zu sehen: die größte Christusstatue nicht nur Europas, sondern der ganzen Welt.

36 Meter hoch ist die Figur, die ihre Arme wohlwollend über der polnischen Gemeinde ausbreitet. Damit überragt sie selbst die berühmte Skulptur im brasilianischen Rio de Janeiro um sechs Meter. Ein 400 Tonnen schwerer Koloss aus Beton, Draht, Schaumstoff und Plastik. Und auf dem Kopf des Erlösers: eine gewaltige vergoldete Krone. Die Maße der Figur haben symbolischen Charakter. Die Größe des Körpers – 33 Meter – steht für die 33 Jahre, die Christus gelebt haben soll. Die Höhe der Krone – drei Meter – symbolisiert die drei Jahre seines Wirkens in der Öffentlichkeit. Zu Füßen der Statue: fünf Steinkreise, die für die fünf Kontinente stehen.

Dass die riesige Figur ausgerechnet in Polen entstanden ist, liegt auch daran, dass die katholische Kirche hier noch immer so stark ist wie in kaum einem anderen europäischen Land. Gerade in kleinen Städten und Ortschaften ist der Glaube im Alltag fest verankert. Obwohl das Projekt wegen der enormen Kosten nicht unumstritten war, fiel die Vision des inzwischen verstorbenen Pfarrers also auf fruchtbaren Boden.

2010 wurde die monumentale Christusstatue eingeweiht. Sie soll die Bewohner der Stadt schützen und ihnen die Gunst Gottes sichern. Aber natürlich verbinden viele in Świebodzin – bei aller Religiosität – mit dem Monument auch ganz weltliche Hoffnungen: Die Statue soll Touristen und Pilger anlocken, die Geld in die polnische Stadt bringen.

Adresse Sulechowska, 66–200 Świebodzin, Polen | **Anreise** Świebodzin liegt an der Autobahn A 2, die Berlin und Warschau verbindet, nur rund 70 Kilometer von der deutschen Grenze entfernt. Mit dem Zug sind es von Warschau mehr als vier Stunden, von Berlin gut zwei Stunden. | **Tipp** Nicht weit von der Statue steht das Sanktuarium Miłosierdzia Bożego, eine imposante Kirche, die ebenfalls auf Initiative des Pfarrers Zawadzki gebaut wurde.

TABERNAS, SPANIEN

95 Wüste von Tabernas
Die trockenste Region

Gnadenlos brennt die Sonne schon am Vormittag vom Himmel, der sandige Boden ist heiß wie glühende Kohlen. Ratternd fährt ein Pferdewagen vorbei, aus der Ferne reitet ein Cowboy heran. Leise quietschen die Saloon-Türen im trockenen Wüstenwind. Nein, das hier ist nicht der Wilde Westen. Nicht einmal die USA. Wir sind vielmehr im Süden Spaniens, genauer gesagt in Andalusien.

Rund 30 Kilometer nördlich von Almería beginnt die Wüste von Tabernas. Circa 280 Quadratkilometer groß ist das Gebiet, das streng genommen nur eine Halbwüste ist. Aber es ist die trockenste Region in ganz Europa. Mehr als 3.000 Stunden pro Jahr scheint hier die Sonne. Im Sommer klettern die Temperaturen locker auf 35 bis 40 Grad Celsius. Und mehr als 250 Millimeter Niederschlag fällt selten – im ganzen Jahr! Viele Tiere und Pflanzen gibt es daher nicht. Doch genau das ist das Potenzial der Region. Mit ihrer kargen Landschaft diente sie schon vielen Regisseuren als Kulisse für diverse Abenteuerstreifen. An die 500 Filme sind in Tabernas entstanden. Arnold Schwarzenegger verwandelte sich hier in »Conan der Barbar« und Harrison Ford in »Indiana Jones«. Und selbst das Wüstenepos »Lawrence von Arabien« wurde zum Teil in der spanischen Provinz gedreht.

Besonders häufig aber wurde die Wüste von Tabernas zum Wilden Westen. Charles Bronson und Henry Fonda duellierten sich für Sergio Leones Kultwestern »Spiel mir das Lied vom Tod«. Clint Eastwood lieferte sich hier für »Eine Handvoll Dollar« so einige Schießereien mit Bösewichten. Und Pierre Brice stand in der Tabernas-Wüste für »Winnetous Rückkehr« vor der Kamera. Für viele der Produktionen wurden aufwändige Kulissen gebaut. 14 solcher Westernstädte gab es zeitweise. Drei von ihnen sind noch heute erhalten. Wenn nicht gerade gedreht wird, stehen sie für Besucher offen. Die können sich dann auch einmal – mitten in Europa – fühlen, als wären sie im Wilden Westen.

Adresse Wüste von Tabernas, Provinz Almería, 04200 Spanien | **Anreise** Von Almería erreicht man Tabernas mit dem Auto in einer halben Stunde. | **Tipp** Ein Besuch in der Kulissenstadt »Fort Bravo« (geöffnet täglich 9–19.30 Uhr). Sie dient noch heute als Drehort. Besucher können die täglichen Western-Shows der Stuntmen erleben.

THINGVELLIR-NATIONALPARK, ISLAND

96 Silfra-Spalte
Der einzige Tauchspot zwischen zwei Kontinenten

Es geht ein Riss durch die Welt der Isländer. Quer durch die gesamte Insel zieht er sich – und er hat an vielen Orten deutliche Spuren hinterlassen. Denn Island liegt auf der Naht zwischen der Eurasischen und der Amerikanischen Kontinentalplatte. Jedes Jahr driften die beiden Platten ein wenig weiter auseinander. So ist ein Graben entstanden, der – mal mehr, mal weniger stark – die isländische Landschaft prägt.

Im Thingvellir-Nationalpark, im Südwesten der Insel, ist durch diese Kluft ein weltweit einzigartiger Spot für Taucher und Schnorchler entstanden: die Silfra-Spalte. Gefüllt mit dem eiskalten Schmelzwasser des Langjökull-Gletschers, zieht sie sich wie ein schmaler Bach durch die flache Landschaft. Wer hier ins Wasser will, der braucht ein wenig Mut – und eine gute Ausrüstung. Denn selbst im Sommer wird das Wasser nur wenige Grad warm. Nur in einem speziellen Trockentauchanzug kann man das länger als ein paar Minuten aushalten. Und selbst dann werden die Finger schnell taub, und die Kälte sticht unangenehm im Gesicht.

Doch das Eintauchen in die einmalige Unterwasserwelt lohnt sich. Denn das Wasser ist so glasklar wie an kaum einem anderen Ort. Jahrelang fließt das eisige Gletscherwasser durch filterndes Lavagestein, bevor es die Silfra-Spalte erreicht. Gestochen scharf sieht man daher die kantigen Felswände, die links und rechts nach unten abfallen. Glatt könnte man vergessen, dass man unter Wasser ist. Selbst den Grund, der an der tiefsten Stelle mehr als 60 Meter entfernt ist, kann man schon von der Oberfläche aus erkennen. Mal leuchtend blau, mal smaragdgrün und mysteriös schimmert die Welt in der Tiefe.

Fische, Pflanzen oder gar Korallen gibt es in der Silfra-Spalte nicht zu entdecken. Dafür kann man an einer der schmaleren Stellen beim Tauchen die Arme ausbreiten und auf jeder Seite einen anderen Kontinent berühren – ein absolut einmaliges Erlebnis.

Adresse Thingvellir-Nationalpark, 801 Selfoss, Island | **Anreise** Der Nationalpark ist rund 50 Kilometer von Reykjavík entfernt. Schnorchel- und Tauchtrips starten oft vom Parkplatz nahe der Silfra-Spalte. | **Tipp** In der Silfra-Spalte darf man auch im Sommer ausschließlich in Trockentauchanzügen tauchen oder schnorcheln. Für die Tauchgänge braucht man ein entsprechendes Zertifikat.

TREIGNY, FRANKREICH

97 Guédelon

Das größte Mittelalter-Burgbauprojekt

Es herrscht reges Treiben auf der Baustelle von Guédelon. An allen Ecken und Enden wird gehämmert, gesägt und gewerkelt. Hier soll schließlich eine ganze Burg entstehen – eine Burg, wie sie im Mittelalter ausgesehen hätte. Umgeben von einer Festungsmauer, mit Wachtürmen und einem Burggraben. Doch wenn man genauer hinschaut, erkennt man: Nicht nur soll der Bau wirken wie dem Mittelalter entsprungen, auch die Handwerkstechniken, die hier zum Einsatz kommen, sind alles andere als modern.

Es ist eines der wohl ungewöhnlichsten Bauprojekte in ganz Europa. Die Burg Guédelon nahe der französischen Gemeinde Treigny entsteht ausschließlich mit Methoden und Materialien, die schon im frühen 13. Jahrhundert bekannt waren. So wird jeder Stein für den Bau im nahe gelegenen Steinbruch geschlagen und dann von Steinmetzen in Handarbeit in die richtige Form gebracht. Jeder einzelne Nagel und jedes Werkzeug wird vor Ort mit traditionellen Mitteln geschmiedet. Und in der Farbwerkstatt werden selbst die Pigmente zum Bemalen der Wände direkt aus Erde und gemahlenem Gestein gewonnen. Für die rund 40 Handwerker eine oft anstrengende und vor allem zeitintensive Arbeit. Kein Wunder, dass schon seit 1997 gebaut wird – und ein Ende ist noch nicht in Sicht.

Doch der Aufwand lohnt sich. Denn das Projekt verfolgt auch einen wissenschaftlichen Ansatz. Historiker und Archäologen waren von Anfang an ebenso beteiligt wie Architekten. Durch den Bau wurden viele in Vergessenheit geratene Techniken wiederentdeckt. Und die zahlreichen Touristen, die die Baustelle besuchen, können hier förmlich in die Welt des Mittelalters eintauchen. Ihre Eintrittsgelder finanzieren das ambitionierte Vorhaben zum größten Teil. Wer will, kann in Guédelon auch für ein paar Tage als freiwilliger Helfer anheuern – und so einen eigenen kleinen Beitrag leisten zum größten mittelalterlichen Burgbauprojekt Europas.

Adresse 89520 Treigny, Frankreich | **Anreise** Guédelon liegt knapp zehn Kilometer vom Ort Treigny entfernt an der D955. Der nächstgelegene Bahnhof ist Cosne-sur-Loire. Von dort ist es eine halbe Stunde mit dem Auto bis zur Baustelle. | **Öffnungszeiten** Mitte März–Anfang Nov., mehr Informationen unter www.guedelon.fr | **Tipp** Wer freiwillig auf der Baustelle mitarbeiten will, muss sich vorher bewerben und sollte Französisch sprechen.

TRIBERG, DEUTSCHLAND

98 — Eble Uhren-Park
Die größte Kuckucksuhr

Warum ausgerechnet ein Kuckuck mit seinem typischen Ruf die Uhrzeit verkündet, ist bis heute ein Rätsel. Angeblich soll ein Uhrmacher im 18. Jahrhundert an einem Wecker mit Hahnenschrei getüftelt haben. Doch das »Kikeriki« mit seinen vier Tönen wollte ihm nicht so recht gelingen. Also tauschte er den Hahn gegen den Kuckuck aus. Ob die Legende stimmt, ist unklar – ebenso wie die Antwort auf die Frage, wo die Kuckucksuhr tatsächlich erfunden wurde. Heute gehört sie jedenfalls fest zum Schwarzwald – genau wie die Kirschtorte und der Bollenhut. Das verschnörkelte Holzkästchen mit Uhrwerk, Pendel, Gewichten und Kuckuck steht auf der ganzen Welt als Symbol für Tradition und typisch deutsche Handwerkskunst.

Auch Uhrmachermeister Ewald Eble aus dem kleinen Ort Triberg beherrscht diese Kunst. Seit 1880 fertigt seine Familie Uhren. Gemeinsam mit seinem Sohn Ralf hat er ein ganz besonderes Modell entworfen: die größte Kuckucksuhr der Welt. 60-mal so groß wie die traditionelle Variante ist sie geworden, so hoch wie ein echtes Haus. Allein das Uhrwerk misst 4,50 mal 4,50 Meter. Und der gewaltige hölzerne Kuckuck, der zu jeder halben Stunde am Fenster im ersten Stock erscheint, wiegt stattliche 150 Kilogramm. Fünf Jahre haben die beiden Meister für ihr Werk gebraucht, denn alles entstand in Handarbeit und in traditioneller Bauweise. Die Uhr sollte mechanisch funktionieren wie die klassische kleine Version.

Die Riesenuhr von Triberg ist heute ein Besuchermagnet. Kein Wunder: Lange Zeit galten Kuckucksuhren zwar als Inbegriff von Spießigkeit und Kitsch, inzwischen sind sie jedoch längst Kult. Ob mit geschnitzten Holzfiguren, schlicht und geradlinig oder poppig bunt: Vor allem bei ausländischen Touristen sind sie so heiß begehrt wie kein anderes Souvenir. Und mit den Schwarzwälder Kuckucksuhren reist immer auch ein kleines Stück Deutschland mit in die weite Welt.

Adresse Schonachbach 27, 78098 Triberg, Deutschland | **Anreise** Mit dem Auto sind es von Stuttgart circa 1,5 Stunden. Mit dem Zug ist Triberg von Offenburg (45 Minuten) oder Konstanz (1,5 Stunden) zu erreichen. | **Öffnungszeiten** Mo–Sa 9–18 Uhr, So 10–18 Uhr (Ostern–Okt.), Mo–Sa 9–17.30 Uhr, So 11–17 Uhr (Nov.–Ostern) | **Tipp** In Triberg gibt es neben der größten auch die kleinste Kuckucksuhr der Welt. Die gerade einmal 13,5 Zentimeter große Version wird in der Manufaktur von Hubert Herr gefertigt (Hauptstraße 8).

TURDA, RUMÄNIEN

99 Salina Turda
Der tiefstgelegene Freizeitpark

Besonders weit reicht der Blick nicht, selbst wenn die Gondel am höchsten Punkt des Riesenrads steht. Trotzdem ist der Ausblick einmalig. Denn dieses Riesenrad dreht sich tief unter der Erde im Stollen einer stillgelegten Salzmine. Seit rund 90 Jahren wird im Bergwerk Salina Turda im Nordwesten Rumäniens schon kein Salz mehr abgebaut. Wo sich früher Minenarbeiter abrackerten, vergnügen sich heute Touristen in einem unterirdischen Freizeitpark.

Über einen Aufzug oder Treppen geht es nach unten in bis zu 120 Meter Tiefe. Mehrere Stollengänge und Minen sind für die Besucher zugänglich. Immer wieder bieten sich spektakuläre Ansichten, die das Ausmaß des einstigen Bergwerks deutlich machen. An den beleuchteten Wänden lassen sich die Salzschichten im Gestein noch immer gut erkennen. Hier und da wachsen eindrucksvolle Stalaktiten aus Salz von der Decke.

Schon die Römer hatten in dieser Region Salz abgebaut. 1690 begann man, in Turda ein eigenes Salzbergwerk zu errichten. Bis in die 1930er Jahre war die Mine in Betrieb, danach diente sie als Luftschutzbunker und später als Käselager, bevor sie als Museum in den Ruhestand ging.

2010 kehrte mit dem Freizeitpark schließlich neues Leben ein. Seitdem können die Besucher in der beeindruckenden »Rudolf-Mine« Riesenrad fahren oder, noch ein Stück tiefer, in der »Terezia-Mine« mit dem Boot über einen unterirdischen See paddeln. In der Mitte des Sees hat sich aus Salzresten eine Insel gebildet, auf der man sich die Zeit beim Bowling oder beim Minigolf vertreiben kann. Auch Tischtennisplatten und Billardtische stehen zur Verfügung. Und wem die Attraktionen des Parks nicht ausreichen, der kann sich damit trösten, dass ein Aufenthalt in der Mine gesund ist. Die feuchte, salzhaltige Luft ist gut für die Durchblutung und die Atemwege. In der Salina Turda verbinden sich so ganz natürlich Spaßfaktor und Gesundheitskur.

Adresse Aleea Durgăului 7, 401106 Turda, Rumänien | **Anreise** Der nächstgelegene Flughafen ist Cluj-Napoca. Von dort sind es rund 45 Minuten mit dem Auto oder Bus bis Turda. | **Öffnungszeiten** täglich 9–17 Uhr | **Tipp** Für einen Besuch der Salzmine sollte man sich auch im Sommer warm anziehen, denn es sind ganzjährig nur zehn bis zwölf Grad Celsius im Inneren.

ULM, DEUTSCHLAND

100_ Ulmer Münster
Der höchste Kirchturm

Schon von Weitem kann man ihn gut sehen, denn der Kirchturm des Ulmer Münsters ist im wahrsten Sinne des Wortes herausragend. 161,53 Meter reckt er sich in den Himmel – so hoch wie kein zweiter auf der ganzen Welt. Er ist das unangefochtene Wahrzeichen der Stadt an der Donau.

Die gotische Architektur, die 15 Meter hohen Kirchenfenster, die kunstvollen Altäre, die riesige Orgel: Nahezu alles am Ulmer Münster ist beeindruckend. Ebenso wie die Bauzeit. Mehr als 500 Jahre dauerte es von der Grundsteinlegung im Jahr 1377 bis zur Fertigstellung 1890. Dass das monumentale evangelische Gotteshaus ausgerechnet in der 130.000-Einwohner-Stadt in Baden-Württemberg entstand, ist den Ulmer Bürgern zu verdanken. Denn das Münster ist eine Volkskirche – der Bau wurde vollständig von den Einwohnern der Stadt finanziert. Entsprechend stolz sind die Ulmer bis heute auf ihren Rekordhalter. Der Legende nach hatten sie übrigens tierische Hilfe beim Bau der Kirche. Denn die Handwerker scheiterten daran, einen besonders großen Holzbalken für das Münster quer durch das Stadttor zu transportieren. Fast wollten sie schon das Tor einreißen, da soll ein Spatz, der einen Zweig längs im Schnabel trug, hindurchgeflogen sein. Den Ulmern ging ein Licht auf, und so konnte die Kirche doch noch entstehen. Zum Dank setzten sie dem kleinen Vogel ein Denkmal auf dem Dach des Münsters. Bis heute ist der Ulmer Spatz in der Stadt allgegenwärtig – ob als Gebäck oder als Souvenir.

Die meisten Besucher kommen aber natürlich, um einmal das erhabene Gefühl zu erleben, den höchsten Kirchturm der Welt zu besteigen. Bis ganz nach oben können sie zwar nicht, aber immerhin bis zur Aussichtsplattform auf 143 Metern Höhe. Genau 768 Stufen geht es im Turm hinauf. Für den anstrengenden Aufstieg entschädigt der Ausblick. Denn auch der ist – genau wie das Münster selbst – einfach herausragend.

Adresse Münsterplatz 1, 89073 Ulm, Deutschland | **Anreise** vom Hauptbahnhof Ulm circa 10 Minuten zu Fuß | **Tipp** Im 3-D-Flugsimulator »Birdly« (Ulm Stories, Münsterplatz 25) kann man das Ulmer Münster mit einer VR-Brille aus der Vogelperspektive erleben. Der Simulator übersetzt die eigenen Armbewegungen in Flügelschläge. So schwebt man wie ein Vogel durch die virtuellen Häuserschluchten rund um das Münster.

101 Valletta
Die kleinste Hauptstadt

Blasen läuft man sich wahrscheinlich nicht in Valletta. Nicht viele Hauptstädte in Europa kann man so bequem zu Fuß entdecken. Knapp einen Kilometer lang und maximal 600 Meter breit ist die maltesische Stadt. Und dennoch bietet sie jede Menge Sehenswürdigkeiten und Geschichte auf engstem Raum.

Wie eine Trutzburg aus gelbem Sandstein ragt Valletta aus dem Blau des Mittelmeers. Umgeben von dicken Festungsmauern liegt die Stadt im Südosten Maltas auf einer Halbinsel. »Il-Belt« wird Valletta von den Einheimischen oft schlicht genannt: die Stadt. Es waren Ritter des Malteserordens, die Valletta Mitte des 16. Jahrhunderts als Bollwerk errichteten, um die Insel besser gegen feindliche Angriffe verteidigen zu können. Ihren Namen bekam die Stadt vom Großmeister des Ordens, Jean Parisot de la Valette.

Innerhalb der Stadtmauern ließen die Ritter prunkvolle Paläste und Kirchen bauen, die bis heute das Bild prägen. Schlendert man durch die engen, schachbrettartig angelegten Gassen, staunt man über die barocken Fassaden. Einige der prächtigen Gebäude kann man heute besichtigen, wie den Großmeisterpalast, einst Wohnsitz des Stadtgründers.

Auch die wohl bedeutendste Sehenswürdigkeit Vallettas ist ein Relikt des Malteserordens: die St John's Co-Cathedral im Herzen der Stadt. Von außen mag die Kirche schlicht wirken, aber der Schein trügt. Im Inneren gibt es aufwändige Deckenmalereien, die von goldenen Ornamenten umrahmt werden. Den Boden zieren kunstvolle Grabplatten der Ordensritter. Und im Oratorium verbirgt sich ein wahrer Kunstschatz: Caravaggios Meisterwerk »Die Enthauptung Johannes des Täufers« aus dem Jahr 1608.

Die Kathedrale könnte als Sinnbild für ganz Valletta stehen. Wegen ihrer Größe wird die maltesische Hauptstadt oft unterschätzt. Aber wer hinter die schlichten Sandsteinmauern blickt, wird überrascht sein, was die kleinste Hauptstadt Europas alles zu bieten hat.

Adresse Valletta, Malta | **Anreise** Der Flughafen der Insel ist rund acht Kilometer von Valletta entfernt. Die Buslinie X4 verbindet ihn mit der Hauptstadt. | **Tipp** Valletta ist zwar klein, aber die Wege teilweise recht steil. Wer vom Hafen kommt und zur Kathedrale will, kann es sich leicht machen und den »Barrakka Lift« nutzen, der die 58 Höhenmeter zu den »Upper Barrakka Gardens« überwindet.

VARNA, BULGARIEN

102 — Pench's Bar
Die Bar mit der längsten Cocktailkarte

Dass es in der Kunst des Cocktailmixens auf Details ankommt, weiß man nicht erst seit James Bond, der seinen Martini ausschließlich geschüttelt bestellt. Jeder gute Barkeeper wird einem von dieser Bestellung allerdings abraten. Denn durch das Schütteln wird der Drink trüb und verwässert leicht. Nichts gegen James Bond, aber wahre Kenner trinken ihren Martini daher gerührt, nicht geschüttelt.

Es sind eben die feinen Unterschiede, die einen guten Cocktail ausmachen. Die Bartender im Pench's wissen das nur allzu genau. Denn hier hat man sich ganz auf die Mixgetränke spezialisiert. Mitten in der bulgarischen Schwarzmeermetropole Varna, keine zwei Kilometer vom beliebten Strand entfernt, bietet die Bar eine Cocktailauswahl, die ihresgleichen sucht. Mit 2.014 Kreationen auf der Karte hält Gründer Pencho Penchev den aktuellen Weltrekord. Schon seit Eröffnung der Bar 1995 arbeitet er ständig an neuen Variationen. Und regelmäßig räumen die Barkeeper des Pench's auf internationalen Cocktail-Wettbewerben ab.

Die Auswahl reicht von Klassikern wie Margarita, Moscow Mule oder Cosmopolitan bis hin zu exotischeren Drinks wie den fruchtigen »Tiki-Cocktails«. Aber auch Eigenkreationen von Pencho Penchev stehen auf der Karte. Die meisten sind eher etwas für Experimentierfreudige. Etwa »Bartender's Blood«, eine abenteuerliche Mischung aus Gin, Litschi-Likör, Crème de Cassis, Cassis-Sirup und trockenem Rotwein. Oder der Cocktail »Lifeguard«, bei dem Rum, Limettensaft und Orangenbitter mit Kirschlikör und ein wenig Eiweiß gemixt werden. Ebenfalls eher ungewöhnlich: Cocktails, die im Eichenfass reifen. Sechs dieser ungewöhnlichen Drinks kann man im Pench's bestellen.

Die Phantasie der bulgarischen Barkeeper scheint keine Grenzen zu kennen. Doch nicht nur Cocktail-Fans sind willkommen. Wer unbedingt möchte, kann natürlich auch ganz langweilig ein Bier bestellen.

Adresse Bulevard 8–mi Primorski Polk 119, 9002 Varna, Bulgarien | **Anreise** Varna hat einen eigenen Flughafen. Mit der Buslinie 409 kommt man von dort ins Stadtzentrum, wo auch das Pench's liegt. | **Öffnungszeiten** täglich 19 – 2 Uhr | **Tipp** Wegen der begrenzten Kapazität müssen Bulgaren, die das Pench's besuchen wollen, eine Mitgliedschaft abschließen. Ausländische Gäste haben freien Eintritt.

103 — Vatnajökull
Der größte Gletscher

Warme Jacken, Handschuhe und Wanderstiefel mit Eiskrallen gehören zur Grundausstattung bei einer Tour auf den Vatnajökull. Und eine Kamera! Denn wer im ewigen Eis Islands unterwegs ist, dem bieten sich alle paar Meter spektakuläre Motive. Von gigantischen Gletscherzungen über Lagunen voller schwimmender Eisberge bis hin zu Wasserfällen, die sich aus Schmelzwasser speisen. Fast magisch wirkt die Landschaft, die in Farbtönen von strahlendem Weiß bis Azurblau leuchtet.

Mehr als 3.000 Kubikkilometer Eis bilden den Vatnajökull im Südosten Islands. Damit ist er der Gletscher mit dem größten Volumen in Europa. Sollte er schmelzen, würde das den Meeresspiegel weltweit um einen Zentimeter ansteigen lassen. Als der Vatnajökull vor etwa 2.500 Jahren entstand, war Island noch fast vollständig von Eismassen bedeckt. Die Gletscher haben die Insel geprägt. Heute sind sie durch den Klimawandel bedroht. 2019 wurde der erste Gletscher auf Island für tot erklärt.

Um den Vatnajökull bestmöglich zu schützen, steht er seit 2008 als Teil eines Nationalparks unter Naturschutz. Mit Hilfe von Guides kann man ihn erkunden: bei Wanderungen, Eiskletter-Abenteuern oder geführten Touren durch die Eishöhlen. Diese Hohlräume im Gletscher werden durch Schmelzwasser geformt. Bis zu mehrere hundert Meter dick ist die Eisschicht, die die Besucher umgibt. Oft kann man im Inneren das Knacken des Gletschers hören, der ständig in Bewegung ist. Die Wände der Höhlen schimmern in unterschiedlichsten Schattierungen – von hellem Blau bis hin zu Violett und Schwarz. Wer den Fotoapparat vergessen hat, wird sich spätestens jetzt ziemlich ärgern.

Eine Tour durch die Eishöhlen des Vatnajökull ist ein im wahrsten Sinne einmaliges Erlebnis. Denn im Frühjahr, wenn es wärmer wird, brechen sie meist ein und verschwinden. Im nächsten Winter entstehen sie dann aufs Neue – und damit auch immer wieder neue faszinierende Fotomotive.

Adresse Vatnajökull-Nationalpark, Island | **Anreise** Der Nationalpark liegt rund 330 Kilometer von Reykjavík entfernt im Südosten Islands. Geführte Touren zum Vatnajökull sind ab Reykjavík oder Skaftafell am Rande des Nationalparks möglich. | **Öffnungszeiten** Die Eishöhlen sind nur zwischen November und März ohne Gefahr begehbar. Alle anderen Aktivitäten am Vatnajökull sind ganzjährig möglich. | **Tipp** Eine besondere Attraktion ist die sogenannte Kristalleishöhle. Hier ist die Eisdecke so dünn, dass das Sonnenlicht wie durch einen Kristall hindurchscheint. Die Führungen starten an der Jökulsarlon-Gletscherlagune.

VENTSPILS, LETTLAND

104 — Koncertzāle Latvija
Das Konzerthaus mit dem größten Klavier

Dass der Pianist eine Leiter hochsteigen muss, um zu seinem Instrument zu kommen, ist schon ein ziemlich ungewöhnliches Bild. Im »Koncertzāle Latvija« ist das unumgänglich. Denn dort steht das größte Klavier der Welt: das M470i. Ein 4,70 Meter hohes Piano, geschaffen vom deutsch-lettischen Klavierbauer David Klavins. Im Gegensatz zu normalen Konzertflügeln ist der Instrumentenkörper nicht waagerecht ausgerichtet, sondern senkrecht. Ein bisschen so, als würde das Klavier auf dem Kopf stehen. Die Treppe ist Teil des Instruments. Wie auf einer Art Balkon schwebt der Pianist über den Köpfen der Zuhörer.

Mit seinem auffälligen blauen Stahlrahmen ist das Klavier fest in die neue Konzerthalle im lettischen Ventspils integriert. Erst 2019 wurde sie eröffnet. Sie ist Teil eines modernen Musikcampus, mit dem die baltische Stadt zum Anlaufpunkt für Musikinteressierte aus aller Welt werden will. In dem Saal will man den Besuchern ganz neue Hörerlebnisse bieten.

Teil dieses Konzepts ist das einzigartige Piano. David Klavins wollte längere Saiten einsetzen. Dafür musste das Klavier entsprechend groß sein. Die Saiten sind Spezialanfertigungen, die längste misst 3,90 Meter. Vor allem die Basstöne klingen so kraftvoller und trotzdem klar. Der Resonanzboden aus Fichtenholz ist rund zweieinhalbmal so groß wie bei einem normalen Konzertpiano. Das sorgt für einen besonders vollen, lang anhaltenden Klang. Und auch die vertikale Bauweise hat einen Zweck. Das Publikum sitzt dem Instrument quasi direkt gegenüber und wird so unmittelbar vom Klavierspiel beschallt.

Es ist nicht das erste Piano dieser Art, das David Klavins gebaut hat. Immer wieder tüftelt er daran, seine Instrumente weiterzuentwickeln. Wer weiß, was er sich als Nächstes einfallen lässt. Vom ungewöhnlichen Klang seines Riesenklaviers kann sich jeder selbst überzeugen – im Konzerthaus Latvija in Ventspils.

Adresse Koncertzāle Latvija, Lielais prospekts 1, 3601 Ventspils, Lettland | **Anreise** Ventspils liegt knapp 200 Kilometer von Riga entfernt. Mit dem Bus dauert die Fahrt rund drei Stunden. Vom Busbahnhof erreicht man den Konzertsaal zu Fuß in 15 Minuten. | **Öffnungszeiten** Informationen zu Konzerten unter www.koncertzalelatvija.lv | **Tipp** Das Vorgängermodell des größten Pianos, das M450 von David Klavins, steht im Studio des Musikers Nils Frahm im Funkhaus Nalepastraße in Berlin.

VICENZA, ITALIEN

105 Teatro Olimpico
Das älteste Theater

Man könnte meinen, man wäre versehentlich in die Kulisse eines Historienfilms gestolpert, wenn man das Teatro Olimpico betritt. Wie ein römisches Amphitheater ist der Bau konzipiert. Nur eben nicht unter freiem Himmel, sondern in einem geschlossenen Gebäude. 1585 wurde es als erstes Theater der Neuzeit in Vicenza eröffnet. Entworfen hat es der italienische Stararchitekt der Renaissance, Andrea Palladio, ein Sohn der Stadt. Als Vorbild diente ihm die klassische Antike.

Und das ist bis heute nur allzu leicht zu erkennen. Die stufenförmigen Sitzreihen führen im Halbrund steil hinunter zur Bühne. Ein Säulengang säumt den Zuschauerraum. Doch es ist vor allem das Bühnenbild, das den Blick gefangen nimmt. Im vorderen Teil: eine monumentale Wand, die an die Fassade römischer Paläste erinnert. Durch drei Portale hindurch kann man die dahinterliegenden Kulissenbauten sehen: die Illusion einer antiken Stadt, die dank des geschickten Spiels mit Perspektive und Licht eine enorme Tiefe bekommt. Es ist die stilisierte Stadt Theben, Schauplatz des Dramas »König Ödipus«, des ersten Stücks, das hier jemals inszeniert wurde. Denn – und das ist das wahrhaft Unglaubliche – die Kulisse ist seit der Eröffnung des Theaters vor fast 450 Jahren nahezu unversehrt erhalten geblieben.

Das Sophokles-Drama um den Königssohn von Theben, der den eigenen Vater erschlägt und seine Mutter zur Frau nimmt, gilt als Meisterwerk der Antike. Mehr als 2.000 Jahre nach seiner Uraufführung bot es den perfekten Stoff für die Eröffnung des Teatro Olimpico. Seitdem dient das Bühnenbild als Kulisse für alle Vorstellungen und Konzerte, die hier stattfinden. Um die jahrhundertealten Konstruktionen aus Holz und Gips zu schützen, sind das allerdings nur noch wenige im Jahr. So will man es in Vicenza schaffen, dass das älteste Theater der Neuzeit in all seiner historischen Pracht noch viele weitere Jahre erhalten bleibt.

Adresse Piazza Matteotti 11, 36100 Vicenza, Italien | **Anreise** Von Venedig ist Vicenza in etwa einer Stunde mit dem Zug zu erreichen. Vom Bahnhof spaziert man in 15 Minuten zum Teatro Olimpico. | **Öffnungszeiten** Führungen Di–So 9–17 Uhr (Sept.–Juni), 10–18 Uhr (Juli–Aug.), Mo geschlossen. Konzerte und Aufführungen gibt es nur von April–Okt. Mehr Informationen unter www.teatrolimpicovicenza.it. | **Tipp** In und um Vicenza kann man zahlreiche weitere architektonische Meisterwerke von Andrea Palladio besichtigen – besonders beeindruckend ist die »Villa Rotonda« am südöstlichen Stadtrand.

VILA-SECA, SPANIEN

106 — Red Force
Die schnellste Achterbahn

In nur fünf Sekunden von null auf 180 Kilometer pro Stunde – das schaffen normalerweise nur Rennfahrer in der Formel 1. Um dieses rasante Tempo auch auf einer Achterbahn erlebbar zu machen, hat sich der spanische Freizeitpark PortAventura mit Ferrari zusammengetan. Aus der Kooperation mit dem italienischen Sportwagenhersteller ist die »Red Force« entstanden – die schnellste Katapult-Achterbahn Europas.

In Rekordzeit beschleunigen die Züge direkt nach dem Start auf einer horizontalen Rampe. Dabei werden die Insassen der »Red Force« mit einer Fliehkraft von 4g in die Sitze gedrückt. Als würde das Vierfache des eigenen Gewichts auf dem Körper lasten, so fühlt es sich an. Dann geht es plötzlich steil bergauf. Fast im rechten Winkel biegen sich die Gleise nach oben und sorgen dafür, dass die knallroten Achterbahnzüge senkrecht in den Himmel schießen. Bis auf 112 Meter geht es hinauf zum Scheitelpunkt, bevor man der Erde ebenso senkrecht wieder entgegenstürzt. Gerade einmal 30 Sekunden dauert der Geschwindigkeitsrausch, dann hat man die 880 Meter lange Strecke hinter sich. Ein kurzer, aber intensiver Kick.

Die »Red Force« ist Teil eines Ferrari-Themenparks. 16 Attraktionen sind auf etwa 70.000 Quadratmetern Fläche versammelt. Von Formel-1-Simulatoren über eine echte Rennstrecke bis hin zu zwei Falltürmen, die wie überdimensionale Motorkolben aussehen. Und für Kinder gibt es die »Junior Red Force«, eine Miniatur-Variante der Rekord-Achterbahn.

Die ragt aus alldem schon wegen ihrer Größe heraus. 2017 wurde die Achterbahn eröffnet. Mehr als 160 Pfeiler stützen den Koloss aus Stahl und Beton. Beim bloßen Anblick steigt bei den meisten wohl der Adrenalinspiegel. Sich einmal fühlen wie ein Formel-1-Pilot – das kann man hier. Eine Fahrt auf der »Red Force« ist zwar sicherer, als in einem echten Rennauto zu sitzen, aber wahrscheinlich nicht weniger nervenaufreibend.

Adresse Avinguda de l'Alcalde Pere Molas, 43480 Vila-seca, Provinz Tarragona, Spanien | **Anreise** Von Barcelona geht es mit dem Zug nach PortAventura (Fahrtzeit rund 1,5 Stunden). | **Öffnungszeiten** in der Hochsaison täglich, im Winter zeitweise geschlossen, genaue Informationen unter www.portaventuraworld.com | **Tipp** Das Ferrari-Land gehört zur PortAventura World mit unzähligen weiteren Attraktionen und einem Wasservergnügungspark.

WARSCHAU, POLEN

107 Keret-Haus
Das schmalste Haus

In Zeiten von Wohnraumknappheit und steigenden Mieten ist Kreativität in der Architektur mehr denn je gefragt – vor allem in den großen Metropolen. Oft wird einfach immer höher gebaut, um in dicht besiedelten Großstädten mehr Platz für Wohnungen zu schaffen. Oder es werden auch noch die letzten Baulücken geschlossen.

Dass es nicht mehr als eine kleine Nische braucht, um ein komplettes Wohnhaus zu errichten, hat der polnische Architekt Jakub Szczęsny bewiesen. In Warschau hat er in einem schmalen Spalt zwischen zwei Häusern eine ungewöhnliche Unterkunft geschaffen. Sein Keret-Haus misst an der breitesten Stelle 122 Zentimeter, an der schmalsten sind es gerade einmal 72. Schon ein Kind könnte hier also ohne Probleme die Arme ausstrecken und dabei die gegenüberliegenden Wände berühren.

Gerade einmal rund 14 Quadratmeter Wohnfläche verteilen sich auf zwei Ebenen, und dennoch gibt es alles, was man zum Leben braucht: ein Bett, eine Küche, ein Badezimmer und eine Arbeitsgalerie. Die meisten Möbel wurden eigens für die besonderen Maße des Hauses angefertigt. Dank einer durchscheinenden Fassade kommt viel Licht in den schmalen Wohnraum, sodass es nicht beengt wirkt.

Jakub Szczęsny wollte mit dem Projekt die Grenzen des architektonisch Machbaren ausloten. Viele Jahre hat es von der ersten Idee bis zur Umsetzung gedauert. Vor allem die nötigen Genehmigungen zu bekommen war eine große Herausforderung. Nach polnischem Baurecht ist das Gebäude zu klein für ein richtiges Wohnhaus. Daher gilt es offiziell als Kunstinstallation. Seit seiner Fertigstellung 2012 diente es bereits mehreren Künstlern als temporäres Heim. Den Anfang machte der israelische Schriftsteller Etgar Keret, der dem Haus seinen Namen gab. Immer wenn es unbewohnt ist, steht es für Besucher offen. Die können sich dann selbst davon überzeugen, wie viel Platz selbst in der kleinsten Hütte ist.

Adresse Żelazna 74, 00–875 Warschau, Polen | **Anreise** Das Keret-Haus liegt im Warschauer Stadtteil Wola. Vom Hauptbahnhof erreicht man es in gut 20 Minuten zu Fuß oder mit der Tram (Linien 17, 33, 41, bis zur Station Hala Mirowska, dann zu Fuß weiter). | **Öffnungszeiten** Informationen zu Führungen und Open Days unter: www.kerethouse.com | **Tipp** Ein Modell des ungewöhnlichen Hauses im Maßstab 1:25 ist inzwischen Teil der berühmten Sammlung des New Yorker MoMA.

108 — Eisriesenwelt
Die größte Eishöhle

Knapp 20 Minuten dauert der Fußmarsch von der Seilbahn zum Eingang der Höhle. Unscheinbar wirkt die kreisrunde Öffnung inmitten der schroffen Felslandschaft aus der Ferne. Steht man davor, hat man aus 1.640 Metern Höhe freien Blick auf die Gipfel und Täler des österreichischen Tennengebirges. Dann öffnet sich die Tür, und es geht hinein in die größte Eishöhle Europas.

Dafür sollte man sich warm angezogen haben, denn selbst wenn es draußen hochsommerlich warm ist, bleiben die Temperaturen im Inneren oft unter dem Gefrierpunkt. Schon am Eingang schlägt den Besuchern ein eisiger Wind entgegen. Denn in der Höhle herrscht ein Kamineffekt. Höher und tiefer gelegene Öffnungen lassen einen starken Luftzug entstehen – die Voraussetzung dafür, dass sich in der Höhle überhaupt so viel Eis bilden konnte. Im Winter strömt kalte Luft tief in den Berg hinein. Wenn dann im Frühjahr während der Schneeschmelze Wasser in die Höhle dringt, gefriert es dort wegen der niedrigen Temperaturen. So konnte im Laufe der Jahrhunderte im Inneren der Höhle eine ganze Welt aus Eis entstehen.

Über mehr als 42 Kilometer erstreckt sich das gesamte Höhlensystem. Nur der erste Kilometer ist vereist und steht Besuchern bei den Führungen offen. Elektrisches Licht gibt es nicht. Mit Grubenlampen bewaffnet geht es durch verwinkelte Gänge und geräumige Höhlen. Im schummrigen Licht sieht man Eiszapfen, die von der Decke wachsen, bizarre Skulpturen und glitzernde Wände aus nichts als Eis. Manche Figuren tragen klangvolle Namen wie »Hymirburg«, »Odinsaal« oder »Friggas Schleier«. Immer wieder fällt der Blick auf neue Formationen. Der »Eispalast« ist die letzte Station. Ein riesiger zugefrorener See bedeckt den Boden. Ein Eislaufpaar soll ihn einst als Trainingsfläche genutzt haben. Von dort gehen die Besucher wieder in Richtung Ausgang – zurück in die wohlige Wärme der österreichischen Bergwelt.

Adresse Eishöhlenstraße 30, 5450 Werfen, Österreich | **Anreise** Mit dem Zug von Salzburg erreicht man Werfen in 45 Minuten, weiter geht es mit dem Shuttle-Bus zum Parkplatz der Eisriesenwelt. Eine Seilbahn bringt die Besucher zur Eishöhle. | **Öffnungszeiten** Mai–Okt. täglich ab 8.30 Uhr | **Tipp** Für die Tour durch die Eishöhle sollte man neben warmer Kleidung auch eine gewisse Kondition mitbringen. Während der 70-minütigen Führung muss man mehr als 130 Höhenmeter und gut 1.400 Stufen überwinden.

109 — Ebenezer Place
Die kürzeste Straße

Es gibt Straßen, bei denen man viel Zeit damit verbringen kann, die richtige Hausnummer zu finden. Gerade auf den langen Boulevards und Alleen der Großstädte ist das oft gar nicht so leicht. Sind die Nummern nun aufsteigend oder absteigend? Nur gerade Zahlen auf einer Straßenseite oder gemischt? Halbe Nummern und Buchstaben für verschiedene Eingänge erschweren das Ganze. Jede Stadt scheint ihr eigenes System zu haben, und die Suche nach einer Adresse wird schnell zur Schnitzeljagd.

Beim Ebenezer Place im schottischen Kleinstädtchen Wick kann das nicht passieren. Viel eher schon, dass man die Straße erst gar nicht findet, denn sie ist wirklich leicht zu übersehen. Ganze zwei Meter und sechs Zentimeter ist sie nämlich lang. Ex-Basketballstar Dirk Nowitzki würde an beiden Seiten über das Ende hinausragen, machte er es sich auf dem Pflaster bequem. Hier gibt es nur ein Gebäude – und damit auch nur eine Hausnummer: die 1. Und doch ist Ebenezer Place tatsächlich eine eigene Straße, die natürlich auch im Stadtplan von Wick vorkommt.

Schuld an dieser Skurrilität ist die schottische Bürokratie. Als der Geschäftsmann Alexander Sinclair in den 1880er Jahren aus den USA nach Schottland zurückkehrte, nachdem er dort ein kleines Vermögen gemacht hatte, beschloss er, in der Hafenstadt Wick ein Hotel zu bauen. An der Kreuzung von Union Street und River Street, direkt am Fluss, entstand das »Mackays Hotel«. Doch die Stadtverwaltung bestand darauf, dass auch der kleine Platz an der schmalen Gebäudeseite des Hotels, dort, wo die beiden Straßen sich trafen, ein eigenes Straßenschild bekommen müsse. So entstand die Adresse »Ebenezer Place 1«.

Dass die gut zwei Meter Asphalt wirklich eine eigene Straße darstellen, mögen viele bezweifeln. Doch 2006 wurde der Rekord vom Guinnessbuch bestätigt. Seitdem ist Ebenezer Place ganz offiziell die kürzeste Straße der Welt.

Adresse Ebenezer Place, KW1 5EA Wick, Schottland | **Anreise** Wick liegt im äußersten Nordosten Schottlands. Mit dem Zug erreicht man die Stadt von Inverness aus in knapp 4,5 Stunden. Vom Bahnhof zum Ebenezer Place ist es nur ein Katzensprung. | **Tipp** Wick ist umgeben von den schottischen Highlands, die mit ihren grünen Hügeln und jeder Menge Burgen und Ruinen definitiv eine Reise wert sind.

ZADAR, KROATIEN

110 Morske Orgulje
Die einzige Meeresorgel

Zunächst glaubt man, es nur mit ein paar Treppenstufen zu tun zu haben, die entlang der Küstenpromenade von Zadar zum Meer hinabführen. Doch sobald man sich nähert, hört man es: Unter das Stimmengewirr der Touristen und das Plätschern der Wellen mischt sich ein eigenwilliger Klang. Rätselhafte Töne, die mal an weit entfernte Kirchenglocken erinnern, mal an Schiffshörner oder Walgesänge. Es ist der Klang der Meeresorgel, dem man nur hier an der dalmatinischen Küste lauschen kann.

Die »Morske Orgulje« ist das wohl ungewöhnlichste Musikinstrument ganz Europas. Gespielt wird es von der Natur. Sein Erfinder ist der kroatische Architekt Nikola Bašić. Als die Hafenpromenade von Zadar nach der Jahrtausendwende neu gestaltet werden sollte, hatte er die Idee für das Projekt. In der lange vernachlässigten Gegend der Stadt wollte er einen Ort schaffen, an dem Einheimische und Touristen gern verweilen würden – einen Ort der Begegnung mit der Natur.

2005 konnte er sein eigentümliches Instrument der Öffentlichkeit präsentieren. Eine Meeresorgel – 70 Meter breit und angelegt über mehrere steinerne Treppenreihen. In regelmäßigen Abständen sind kleine, kreisrunde Öffnungen in die Betonstufen eingelassen. Darunter liegen 35 Röhren unterschiedlicher Länge und Breite, an deren Enden Pfeifen sitzen. Durch die Bewegung der Wellen wird Luft in die Röhren gedrückt. So entstehen, wie bei einer Orgel, die Töne. Hohlräume in der steinernen Treppe dienen dabei als Resonanzraum und verstärken den Klang.

Die Idee des Architekten ist aufgegangen. Seine Meeresorgel ist zum neuen Wahrzeichen der kroatischen Stadt geworden. Viele sitzen hier stundenlang, um den meditativen Klängen der ungewöhnlichen Wassermusik zu lauschen. Besonders beliebt ist der Ort bei Sonnenuntergang. Denn den soll schließlich schon Filmregisseur Alfred Hitchcock bei einem Besuch in Zadar als den schönsten der Welt bezeichnet haben.

Adresse Obala kralja Petra Krešimira IV, 23000 Zadar, Kroatien | **Anreise** Nach Zadar kommt man per Flugzeug, Bus oder Schiff. Die Meeresorgel liegt am Ende der Promenade auf einer Landzunge. Man erreicht sie zu Fuß oder mit dem Bus (Linie 2 und 4). | **Tipp** Wenige Schritte von der Meeresorgel entfernt hat Nikola Bašić die Skulptur »Gruß an die Sonne« installiert. 300 Glasplatten mit integrierten Solarzellen speichern das Sonnenlicht. Am Abend verwandeln sie sich in eine bunt leuchtende Fläche, die im Takt der Meeresorgel die Farben wechselt.

ZÜRICH, SCHWEIZ

111 Haus Hiltl
Das älteste vegetarische Restaurant

Gesund, nachhaltig, klima- und tierfreundlich: Wer sich vegetarisch oder vegan ernährt, liegt heute voll im Trend. Was vor 20 Jahren noch oft als Spleen belächelt wurde, ist längst in der Mitte der Gesellschaft angekommen. Die fleischlose Kost ist hip und schick – ein Ausdruck von Haltung und Lebensstil.

Als in Zürich 1898 mit dem »Vegetarierheim und Abstinenz Café« die erste vegetarische Gastwirtschaft Europas eröffnet wurde, war das noch ganz anders. Der Sonntagsbraten galt damals als Inbegriff von Wohlstand und guter Ernährung, Vegetarier wurden oft als »Grasfresser« verspottet. Auch das »Vegetarierheim« bekam schnell einen wenig schmeichelhaften Spitznamen: »Wurzelbunker« hieß es im Volksmund. Viele der Gäste trauten sich nur durch den Hintereingang in das Restaurant. Das Geschäft lief denkbar schlecht, und nach wenigen Jahren stand das Lokal schon wieder vor dem Aus.

Es ist Ambrosius Hiltl zu verdanken, dass die Gaststätte erhalten blieb. Der Schneidergeselle konnte seinen Beruf wegen einer Rheuma-Erkrankung nicht mehr ausüben. Sein Arzt hatte ihm strikten Verzicht auf Fleisch verordnet. So war er auf das »Vegetarierheim« gestoßen. Er übernahm den schwächelnden Betrieb und machte ihn gemeinsam mit seiner späteren Frau, der Köchin Martha Gneupel, unter seinem Namen erfolgreich. Während anfangs vor allem Suppen und Salate auf der Speisekarte standen, wurden die Rezepte in den Folgejahren immer abwechslungsreicher.

Heute ist das Haus Hiltl eine feste Adresse in der Schweizer Stadt und wird bereits in vierter Generation geführt. Aus dem kleinen Familienbetrieb ist ein regelrechtes Imperium geworden: mit mehreren Ablegern in Zürich und einer eigenen Kochakademie. Das Gute: Selbst typische Schweizer Gerichte wie »Zürcher Geschnetzeltes« oder »Cordon bleu« werden im Restaurant serviert – natürlich rein vegetarisch aus Seitan oder Tofu.

Adresse Sihlstraße 28, 8001 Zürich, Schweiz | **Anreise** Das Restaurant liegt mitten in der Züricher Innenstadt, rund zehn Gehminuten vom Hauptbahnhof entfernt. Die nächstgelegene Tramhaltestelle ist Rennweg (Linien 6, 7, 10, 11 und 13). | **Öffnungszeiten** Mo–Sa 6–23 Uhr, So 8–23 Uhr | **Tipp** Direkt neben dem Restaurant hat die Familie Hiltl 2013 die erste vegetarische Metzgerei der Schweiz eröffnet. Hier gibt es etliche Produkte von Tatar über Wurst bis zum Sonntagsbraten auf Basis von Fleischersatzprodukten.

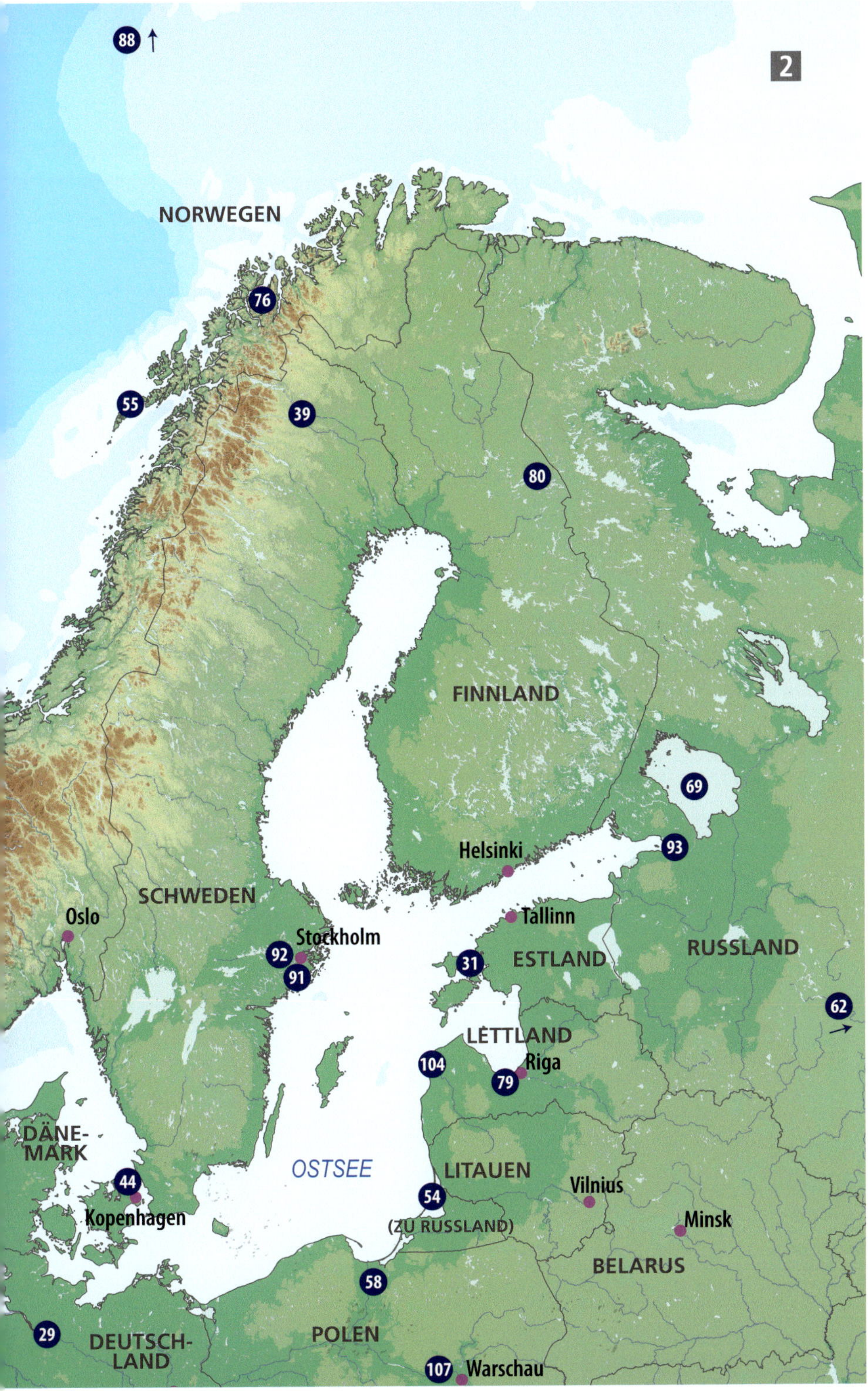

2

NORWEGEN

88 ↑

76

55

39

80

FINNLAND

69

93

Helsinki

SCHWEDEN

Oslo

Stockholm
92
91

Tallinn

ESTLAND

31

RUSSLAND

62 →

LETTLAND

104

Riga

79

**DÄNE-
MARK**

44

Kopenhagen

OSTSEE

LITAUEN

54
(ZU RUSSLAND)

Vilnius

Minsk

BELARUS

58

29

**DEUTSCH-
LAND**

POLEN

107 Warschau

3

Azoren
(PORTUGAL)

83

ATLANTISCHER OZEAN

Madeira
(PORTUGAL)

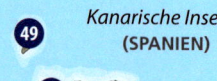
Kanarische Inseln
(SPANIEN)

49
47
27
48

N
0   100 km

Fotonachweis

Ort 1, Fonderia Marinelli: shutterstock.com/SerFeo
Ort 2, Alnwick Poison Garden, oben: WikimediaCommons/CC/Amanda Slater, unten: pixabay.com/Rhiannon
Ort 3, Alto Douro: shutterstock.com/Gi Cristovao Photography
Ort 4, Trollveggen: Wikimedia Commons/CC/Ximonic (Simo Räsänen)
Ort 5, Andorra la Vella: shutterstock/Anibal Trejo
Ort 6, Llanfairpwllgwyngyllgogerychwyrndrobwllllantysiliogogogoch, oben: shutterstock.com/HildaWeges Photography, unten: Wikimedia Commons/gemeinfrei
Ort 7, Fuggerei, oben und unten: pixabay.com/bboellinger
Ort 8, Camp Nou: shutterstock.com/Iakov Filimonov
Ort 9, Barra Airport: Gönna Ketels, Deutsche Welle
Ort 10, Aire de Berchem, oben und unten: Kris Van de Sande
Ort 11, Zoologischer Garten: shutterstock.com/hanohiki
Ort 12, Jungfraujoch: pixabay.com/a_v_a
Ort 13, Velocity 2: mauritius images/Nigel Wilkins/Alamy
Ort 14, Eden Project: shutterstock.com/Anna Jastrzebska
Ort 15, Nausicaá: pixabay.com/VIVIANE6276
Ort 16, Delirium Café: shutterstock.com/EWY Media
Ort 17, Budapest: shutterstock.com/LongJon
Ort 18, Parlamentspalast: shutterstock.com/Tupungato
Ort 19, Athos: shutterstock.com/Dimitris Panas
Ort 20, Mondial Air Ballons: shutterstock.com/OSTILL is FRanck Camhi
Ort 21, Christ Church Cathedral: shutterstock.com/Quintanilla
Ort 22, Tara-Schlucht: shutterstock.com/Martin Lehmann
Ort 23, LeapRus 3912: shutterstock.com/Efimova Anna
Ort 24, Ice Music Festival: mauritius images/Paul Swinney/Alamy
Ort 25, Labirinto della Masone: shutterstock.com/Amy Corti
Ort 26, Upper Rock Nature Reserve: shutterstock.com/Ben Gingell
Ort 27, Valle de Agaete: mauritius images/Westend61/Maria Breuer
Ort 28, Excalibur: shutterstock.com/Annari
Ort 29, Miniatur Wunderland, oben und unten: Miniatur Wunderland Hamburg
Ort 30, Hay-on-Wye: shutterstock.com/abcbritain
Ort 31, Heltermaa- Rohuküla, oben und unten: shutterstock.com/bbbb
Ort 32, Kirchturm Suurhusen: mauritius images/Hartmut Schmidt/imageBROKER
Ort 33, Hum: shutterstock.com/RudolfsM
Ort 34, Mileștii Mici: © Mileștii Mici
Ort 35, Sublimotion, oben und unten: © Sublimotion
Ort 36, Steinkaulenberg: shutterstock.com/travelview
Ort 37, Kapalı Çarşı: mauritius images/Axiom RF/Kav Dadfar
Ort 38, Dettifoss: shutterstock.com/Petr Simon
Ort 39, Icehotel: shutterstock.com/Viktorishy
Ort 40, Júzcar: mauritius images/Sebastian Wasek/Alamy
Ort 41, Kalmückien: Hendrik Welling, Deutsche Welle
Ort 42, Pyramidenkogel: mauritius images/Udo Siebig
Ort 43, Arsenalna: shutterstock.com/meunierd
Ort 44, Dyrehavsbakken: shutterstock.com/Stig Alenas
Ort 45, Skiresort Kopaonik: shutterstock.com/Fotosr52
Ort 46, Strand von Vai: shutterstock.com/Georgios Tsichlis
Ort 47, La Gomera: shutterstock.com/Martina I. Meyer
Ort 48, Museo Atlántico: shutterstock.com/Sybille Reuter, © VG Bild-Kunst, Bonn
Ort 49, Observatorium Roque de los Muchachos: shutterstock.com/Martin Leber
Ort 50, Liechtenstein: shutterstock.com/stifos
Ort 51, Braderie de Lille: shutterstock.com/MisterStock
Ort 52, Under: shutterstock.com/Lillian Tveit
Ort 53, Keukenhof: shutterstock.com/Kit Leong
Ort 54, Kurische Nehrung: shutterstock.com/Majonit
Ort 55, Unstad: shutterstock.com/czechexplorerphotography

Ort 56, British Library: shutterstock.com/cowardlion
Ort 57, London Eye: pixabay.com/Oltre Creative Agency
Ort 58, Marienburg: shutterstock.com/itsmejust
Ort 59, Stara Trta: shutterstock.com/Radowitz
Ort 60, Staatliche Porzellan-Manufaktur Meissen: © Staatliche Porzellan-Manufaktur Meissen
Ort 61, Circuit de Monaco: shutterstock.com/cristiano barni
Ort 62, Ostankino: shutterstock.com/Dmitriy Yakovlev
Ort 63, Oktoberfest: shutterstock.com/FooTToo
Ort 64, Praia do Norte: shutterstock.com/aleksey snezhinskij
Ort 65, Nordirland: shutterstock.com/Sibella Bombal
Ort 66, Kusttram: shutterstock.com/SankyPix
Ort 67, Passionsspiele: ©Passionsspiele Oberammergau/Foto Kienberger
Ort 68, The Literary Man, oben und unten: © The Literary Man
Ort 69, Ladogasee: shutterstock.com/javarman
Ort 70, Westray-Papa Westray, oben: shutterstock.com/ChrisNoe, unten: shutterstock.com/SevenMaps
Ort 71, Orto Botanico di Padova: shutterstock.com/EQRoy
Ort 72, Le Grand Rex: shutterstock.com/Cottin Lucille
Ort 73, Louvre: shutterstock.com/anyaivanova
Ort 74, Postojnska Jama: shutterstock.com/Dan Tautan
Ort 75, Orloj: shutterstock.com/Michal Stipek
Ort 76, Tromsø Golfklubb: © Tromsø Golfklubb
Ort 77, Charles Kuonen Hängebrücke: shutterstock.com/Michal Stipek
Ort 78, Álfaskólinn: shutterstock.com/njaj
Ort 79, Rīgas Centrāltirgus, oben: mauritius images/Peter Erik Forsberg/Markets/Alamy, unten: mauritius images/Peter.forsberg/Alamy
Ort 80, Polar Night Light Festival: shutterstock.com/BORISENKOFF
Ort 81, Bolwoningen: shutterstock.com/antonnot
Ort 82, San Marino: shutterstock.com/Pablo Debat
Ort 83, Chá Gorreana: shutterstock.com/Vitor Miranda
Ort 84, Die Schlangenfarm Schladen: pixabay.com/pranavsunh232
Ort 85, Schwyz-Stoos-Bahn: shutterstock.com/Michal Stipek
Ort 86, Ätna: shutterstock.com/Fernando Privitera
Ort 87, Hohe Tatra: pixabay.com/jmjbasket
Ort 88, Longyearbyen: shutterstock.com/s_a_j
Ort 89, Vatikan: pixabay.com/Tasos_Lekkas
Ort 90, Olympia Bob Run: © Viesturs Lacis
Ort 91, Königlicher Nationalstadtpark: shutterstock.com/TrentA
Ort 92: Tunnelbana: shutterstock.com/valeriy eydlin
Ort 93, Eremitage: shutterstock.com/marcobrivio.photo
Ort 94, Pomnik Chrystusa Króla: pixabay.com/malst
Ort 95, Wüste von Tabernas: shutterstock.com/make my day
Ort 96, Silfra-Spalte: shutterstock.com/wildestanimal
Ort 97, Guédelon, oben und unten: Gönna Ketels, Deutsche Welle
Ort 98, Eble Uhren-Park: shutterstock.com/Andreas Zerndl
Ort 99, Salina Turda: shutterstock.com/RossHelen
Ort 100, Ulmer Münster: shutterstock.com/Mirjam Claus
Ort 101, Valletta: shutterstock.com/Arsenie Krasnevsky
Ort 102, Pench's Bar: shutterstock.com/smspsy
Ort 103, Vatnajökull: shutterstock.com/czechexplorerphotography
Ort 104, Koncertzāle Latvija: © Imants Znotiņš
Ort 105, Teatro Olimpico: shutterstock.com/marcobrivio.photo
Ort 106, Red Force: shutterstock.com/Pit Stock
Ort 107, Keret-Haus: mauritius images/Wojciech Stróżyk/Alamy
Ort 108, Eisriesenwelt: shutterstock.com/Andreas Feldbak
Ort 109, Ebenezer Place: mauritius images/Iain Masterton/Alamy
Ort 110, Morske Orgulje, oben: shutterstock.com/Ahn Eun sil, unten: shutterstock.com/Mato Papic
Ort 111, Haus Hiltl: mauritius images/CNMages/Alamy

Patricia Szilagyi ist freie Journalistin und Autorin und lebt in Berlin. Seit mehr als zehn Jahren arbeitet sie als Redakteurin für das Magazin »Euromaxx« im Programm der Deutschen Welle. Dort beschäftigt sie sich intensiv mit der vielfältigen Kultur und Lebensart in Europa. Reisen ist ihre große Leidenschaft. So oft wie möglich ist sie unterwegs, um Europa und die Welt zu entdecken. Nicht immer auf Rekordjagd, aber stets auf der Suche nach neuen Orten und Inspirationen.